对外汉语教学理论实践研究

蒋秀碧 ◎ 著

吉林出版集团股份有限公司

版权所有　侵权必究

图书在版编目（CIP）数据

对外汉语教学理论实践研究 / 蒋秀碧著. — 长春：吉林出版集团股份有限公司，2023.6

ISBN 978-7-5731-3539-1

Ⅰ．①对… Ⅱ．①蒋… Ⅲ．①汉语－对外汉语教学－教学研究 Ⅳ．① H195.3

中国国家版本馆 CIP 数据核字（2023）第 112018 号

对外汉语教学理论实践研究

DUIWAI HANYU JIAOXUE LILUN SHIJIAN YANJIU

著　　者	蒋秀碧
出版策划	崔文辉
责任编辑	王　妍
封面设计	文　一
出　　版	吉林出版集团股份有限公司
	（长春市福祉大路 5788 号，邮政编码：130118）
发　　行	吉林出版集团译文图书经营有限公司
	（http://shop34896900.taobao.com）
电　　话	总编办：0431-81629909　营销部：0431-81629880/81629900
印　　刷	廊坊市广阳区九洲印刷厂
开　　本	710mm×1000mm　1/16
字　　数	241 千字
印　　张	11.25
版　　次	2023 年 6 月第 1 版
印　　次	2023 年 6 月第 1 次印刷
书　　号	ISBN 978-7-5731-3539-1
定　　价	78.00 元

如发现印装质量问题，影响阅读，请与印刷厂联系调换。电话 010-82751067

前　言

关于对外汉语教学是否是一个独立的学科以及它的归属问题，即它的上位学科究竟是什么？目前还存在不同的认识。笔者认为，对外汉语教学是否被看作一个独立的学科并不重要，重要的是找准自己的位置，把握自己的学术方向，以便寻求准确的研究切入点，切实地进行基础研究与应用研究，使对外汉语教学的学科水平得以真正的提高。如果我们还执着于对对外汉语教学学科地位的进一步论证，一味地在对外汉语教学的"名"与"实"之间争辩，甚至在对外汉语教学隶属于哪一门学科上纠缠，那么"加强对外汉语教学的学科建设"岂不是一句空话？对外汉语教学是语言教学的一种，也是应用语言学的一个分支学科，这已成为对外汉语教学界大多数人的共识。本书的总体思路，就是基于这样的一种共识而展开的。

从事对外汉语教学，自然要对教学中的各种现象进行研究，严格来讲，这并非学科建设。将对外汉语教学作为学科来研究，是要探讨对外汉语教学中"有可能严格体系化的那个部分"。也就是说，对外汉语研究，尤其应该探讨对外汉语教学中的一般原则、方法和规律，以建立自身的科学研究体系。

本书深入浅出，结合实际教学，通过大量的实例分析，重点研究在对外汉语教学中如何做到理论与实践相结合，具有很强的实用性和研究价值。

目 录

第一章　汉语国际教育发展概述 ………………………………… 1
第一节　汉语国际教育概述 ……………………………………… 1
第二节　汉语国际教育的背景 …………………………………… 14
第三节　汉语国际教育的发展趋势 ……………………………… 24

第二章　对外汉语教学理论基础研究 …………………………… 39
第一节　对外汉语教学理论研究的基本框架 …………………… 39
第二节　第二语言能力结构研究 ………………………………… 47
第三节　对外汉语教学的方法 …………………………………… 57

第三章　对外汉语教学课程研究 ………………………………… 78
第一节　对外汉语教学课程和课程设置 ………………………… 78
第二节　对外汉语教学课程之间的关系 ………………………… 83

第四章　对外汉语课堂教学及评估 ……………………………… 93
第一节　课堂教学活动研究概述 ………………………………… 93
第二节　课堂教学行为研究 ……………………………………… 98
第三节　课堂教学结构分析 ……………………………………… 104
第四节　基础汉语课堂教学方法 ………………………………… 106
第五节　基础汉语教学中的课堂操练 …………………………… 114
第六节　课堂教学评估 …………………………………………… 120

第五章　对外汉语教学模式研究 ………………………………… 130
第一节　对外汉语教学模式研究概述 …………………………… 130

第二节　语文分开，集中识字 …………………………………… 136

第三节　词汇集中强化教学模式 …………………………………… 142

第四节　基础汉语教学模式的改革 ………………………………… 152

第五节　汉语教学新模式设计 ……………………………………… 157

第六节　汉语短期教学的新模式 …………………………………… 163

参考文献 …………………………………………………………… 171

第一章　汉语国际教育发展概述

第一节　汉语国际教育概述

汉语国际教育（Teaching Chinese to Speakers of Other Languages）的明确提法最早见于《汉语国际教育硕士专业学位设置方案》。作为一个名词性短语，汉语国际教育在当今社会为人们所耳熟能详，一度成为高等教育尤其是语言教学领域的高频词；但作为一个学术概念，汉语国际教育的内涵究竟是什么，具备哪些特征，以及应该怎样分类，学界尚未形成统一意见。这直接导致学者们在各自所认为的汉语国际教育领地上开展工作，从而使研究和实践变得非常宽泛繁杂。汉语国际教育的"边界"理应得到明确，其相应的概念及概念体系也理应得到统一，这是开展汉语国际教育理论探究和教育实践的基础。

一、汉语国际教育的内涵

汉语国际教育的内涵，简单来说就是汉语国际教育内在各因素的总和，是关于汉语国际教育是什么的质性规定。因现有释义的非明确性，在学界见仁见智的理解中，汉语国际教育与对外汉语教学、国际汉语教学、华文教育等陷入多概念混淆的误区。如何在内涵认识上加以理清，这在一定程度上有助于汉语国际教育的理论探讨和实践发展。

（一）汉语国际教育概念的提出及其相关概念

汉语国际教育这一概念的提出既有其长期的历史源流，又有特定的环境背景。明确其历史源流有助于我们了解汉语国际教育从哪里来，考察其特定背景则有助于明确汉语国际教育的现实发展。

1. 汉语国际教育

汉语国际教育是近年来广泛见诸高等教育领域的一个新兴概念。单纯就名词术语来看，其第一次有据可考的提出可追溯到《汉语国际教育硕士专业学位设置方案》。《方案》中提到："为提高我国汉语国际推广能力，加快汉语走向世界，改革和完善对外汉语教学专门人才培养体系，培养适应汉语国际推广新形势需要的国内外从事汉语作为第二语言，外语教学和传播中华文化的专门人才，决定在我国设置汉语国际教育硕士专业学位。"与此同时，该方案对汉语国际教育做出阐释："汉语国际教育是指面向海外母语非汉语者的汉语教学。""汉语国际教育"这一名称的确立，既能体现"汉语加快走向世界"的内涵，又有别于国内双语教学中的汉语教育，还可避免"推广"一词可能引发的负面影响。

汉语国际教育既是一个新的名称表述，同时也是一个新兴而复杂的研究领域。对汉语国际教育这一概念的理解，需要从源头上加以整理，才能理清与之相关的各概念。

2. 对外汉语教学

对外汉语教学（Teaching Chinese to Foreigners）这一概念最早见于1982年，当前仍被广泛使用。按照《中国大百科全书：语言文字》的解释，对外汉语教学是指对外国人的汉语教学，它也包括对母语非汉语的海外华裔进行的汉语教学。对外汉语教学这一表述更多地着眼于中国国内的教学对象，在国外的适用性不强。因为，如果这一活动在中国范围内，对非中国国籍的人来进行，我们就可以说是对外汉语教学；但如果这一活动放到国外进行，如在美国教美国人学习汉语，这个时候采用对外汉语教学的表述则容易产生歧义，且准确性值得商榷。当然，对外汉语教学这一概念的提出有其特定的历史原因。20世纪80年代，学界在使用"对外汉语教学"时考虑的学习对象主要是到中国学习的外国人，即在中国范围内由中国人教授外国人学习汉语。

3. 汉语教学

如前文所述，对外汉语教学难以为国外的汉语教学活动所使用，因此这一活动在不同国家有不同的名称表述，如美国称之为"中文教学"，日本称之为"中国语教学"。汉语教学（Chinese Teaching）可以跟国内对母语为汉语者的"中文教学"（对本民族中小学的汉语书面能力和汉语知识的教学，其学习者可以用口头汉语交际）区别开。"汉语教学"这一表述容易跟中国国内的母语教学相混淆，所以常常需要在前面加上"世界""国际"等词加以限制，使用起来受限较多。

4. 华语（华文）教学

华语（华文）教学（Chinese Language Teaching），主要指对海外华裔子弟（包括有或者没有居住国国籍者）的汉语教学。学习者虽然在国外学习汉语，没有中国国内的汉语环境，但是他们的家人或周边环境中有一些人使用汉语，尽管可能不是普通话。因此，他们的学习环境既不是典型的目标语（汉语）环境，也不是典型的非目标语环境。由于血缘关系，学习者跟中国有着千丝万缕的联系，因此学习内容既有汉语，又有大量中华文化传统知识。但是对非华裔的汉语教学，则没有这么多中华文化知识，这个名称的局限在于难以将对非华裔的汉语教学包含进去。有些学习者从广义上理解这个名称，认为"华语"源自"中华"，使用历史相当久远，可以用"华语教学"指称海外的汉语教学。

5. 汉语作为第二语言的教学

汉语作为第二语言的教学（Teaching Chinese as a Second Language），简单理解就是将汉语作为第二语言来进行教学。这一名称在对外汉语的学术研究中使用极为广泛，因其使用地点、场合的普适性，无论是在国内还是国外都可以使用。这一表述的不足之处主要在于：第一，名称表述过长，音律不那么平衡，使用起来不太方便；第二，意思上包含对国内少数民族的汉语教学。

6. 对外汉语

一些学者认为，外国人说的汉语有自己的系统，跟我们中国人作为母语说的汉语不同。在外国人的眼里，对外汉语（Chinese as a Second Language）可以算是一种与中国人所说的汉语相异的独特汉语，如英语作为"对外英语"等。英语作为二语教学也常常称为"English as a Second Language"，美国一些大学有"Department of English as a Second Language"，但其中并没有"教学"的字眼。

7. 对外汉语教育学

一些国家把本国语言的第二语言教学称为"教育"。例如，在日本"国语教育"是面向日本国内日语为母语者的，"日本语教育"是面向日本国外日语非母语者的。对外汉语教育学（Chinese Education to Foreigners / Chinese Education to Speakers of Other Languages）不但强调"教育"的丰富内涵，还有一个"学"，提出学科研究的任务。但有学者认为，语言教学很难承担德、智、体、美等综合素质的培养，尤其是面向境外的非母语者。

8. 汉语作为外语的教学

汉语作为外语的教学（Teaching Chinese as a Foreign Language）这一名称的使用主要基于两个原因：第一，汉语对学习者来说基本上都是外语，可以将国内少数民族的汉语教学排除出去；第二，不少学者认为，"汉语作为第二语言教学"的名称不够准确。在目标语（所学语言）环境里学习的语言才称为"第二语言"，如在中国汉语环境里学习的汉语；在非目标语环境里学习的语言叫"外语"，如在外国非汉语环境里学习的汉语。目前在非目标语环境里学习汉语者占绝大多数。故此，"汉语作为外语的教学"这一提法的不足在于未能涵盖在中国国内目标语言环境里的汉语教学。

9. 对非母语者的汉语教学

对非母语者的汉语教学（Teaching Chinese to Speakers of Other Languages）可以涵盖"汉语作为第二语言的教学"和"汉语作为外语的教学"。国务院学位委员会有过类似的表述，而其不足之处是可能会将中国国内少数民族的汉语学习包含进来。

10. 国际汉语

前面提到，目前既有"对外汉语教学"的名称，也有"对外汉语"的名称。后者并没有否定"教学"，只是更强调汉语作为第二语言的特殊性质，国际汉语（Teaching Chinese to Speakers of Other Languages）的名称也没有否定"教育"。它不但强调海外作为非母语使用的汉语的特殊性，而且强调在国际交往中汉语使用的特殊性。

以上这些概念在内容、实质内涵上与汉语国际教育有着千丝万缕的联系，但这几者并不完全等同。上述每一个概念的提出都有其特定的历史背景，且在既定历史背景下具有合理性和科学性。然而，随着外部环境的变化以及教学活动的演进和内容更迭，这些名称也表现出一定的不适应性。以"对外汉语教学"这一表述为例，借用某大学崔希亮教授的理解："对外汉语教学"刚出现的时候指的是"对外国人进行的汉语教学"，不管在国内还是在国外，只要是汉语作为第二语言的教学都可以称为"对外汉语教学"。因此，也有人建议把这个学科更名为"汉语作为第二语言的教学"或者"汉语作为外语的教学"。如果用"对外汉语教学"来指称对来华留学生进行的汉语教学，这样就把这个名称狭义化了。不仅如此，现实中的对外汉语教学在招生对象上既有国外学生，又有国内学生，明显与对外汉语教学"对外国人的汉语教学"的本意有较大出入。

可见，在"汉语国际教育"这一名称被正式确立前，无论"对外汉语教学""国际汉语教学""汉语作为第二语言的教学""华语教学""对非母语者的汉语教学"这些概念有多贴近汉语国际教育的本质，用这些表述来指代汉语国际教育，都不是完全合理的，尚需在理论上、实践中加以探讨。同样的，部分学者用"对外汉语教学"来指称"在国内对来华留学生进行的汉语教学"，用"汉语国际教育"指称"在海外把汉语作为外语的教学"，这种区分虽然在理论上、实践上及意义上高度接近现实，但若对汉语国际教育的内涵和内容进一步进行界定和认识，其仍有改进和延伸理解的余地。笔者认为，对汉语国际教育的深层理解，还应该从其内涵上加以探析。

（二）基于现有释义的汉语国际教育基本内涵的分析

在通常意义上，"教育"一词被定义为一种培养人的活动，而汉语国际教育冠以"教育"之名（作为一种教育，或者说一类教育活动的总称），也可以被认定为一种以汉语（文化）

教学为核心的培养人的活动。如此一来，对汉语国际教育内涵的理解也就可以依照探讨教育问题的一般范式展开，系统考虑其基本概念、施教主体、受教对象、教学材料等内部各要素。

《汉语国际教育硕士专业学位设置方案》中明确提到，"汉语国际教育是指面向海外母语非汉语者的汉语教学"。从这一阐释展开对汉语国际教育内涵的理解，其中心节点在于把握"海外"这一概念。"海外"一词，最早见于《吕氏春秋通诠·审分览·审分》，本意为"四海之外，泛指边远之地"。演进及今，"海外"一词大多与"国外"做同意理解，并相互通用，具有对象指向的国家主体性和地域指代的相对性。

基于上文对汉语国际教育现有释义的展开理解，围绕"动作发出主体（施教主体）、动作发生地（动作地点）、动作指向对象（施教对象）、教学材料"四个维度，可对汉语国际教育的现有释义做相应理解（图1-1）。

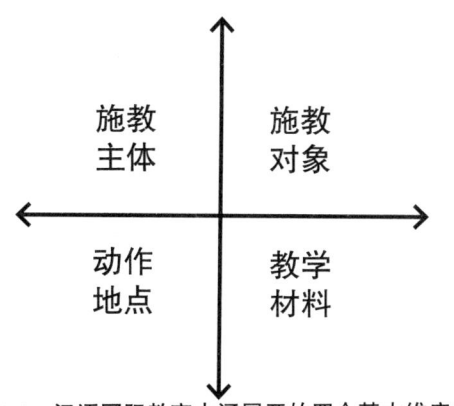

图1-1 汉语国际教育内涵展开的四个基本维度示意图

第一个维度，汉语国际教育的动作发出主体是谁？因为汉语国际教育是面向海外母语非汉语者进行的，所以这一动作的发出主体是汉语教学资源的持有者，也是汉语国际教育活动的组织者、设计者、实施者。本节以探讨高等教育领域内的汉语国际教育为主，故其汉语国际教育的设计者、组织者、实施者更多应从教育组织实体方面来加以理解，如高等学校、孔子学院（孔子课堂）及其他正规的汉语教学组织等。

第二个维度，汉语国际教育的动作发生地在哪？汉语国际教育强调的是对海外的母语非汉语者进行教学，并未对动作发生地做特别规定。即只要是面向海外母语非汉语者进行的汉语教学，无论动作发生地是否在中国，其都属于汉语国际教育。从这个意义上看，无论把外国人请进来学习汉语，还是主动走出去教外国人学习汉语，都属于汉语国际教育。

第三个维度，汉语国际教育的动作指向对象是谁？汉语国际教育针对的是海外母语非汉语者，所以其动作指向对象是非中国国籍的母语非汉语人群。

第四个维度，汉语国际教育这一活动的教学材料是什么？汉语国际教育强调"汉语教学"，教学材料无疑就是"汉语"。语言文字作为文化的载体，是实现文化教育和文化传递的手段。

深入来看，汉语国际教育的教学材料不单纯是汉语，还包含丰富的中国文化、中华文明。

综合以上四个维度的分析及理解，我们可将汉语国际教育理解为一种特殊的教学活动，其以汉语教学组织实施者为施教主体，以海外母语非汉语者为施教对象，以汉语（文化）教学为基本教育内容。

（三）汉语国际教育内涵理解的其他问题

在对汉语国际教育基本内涵进行分析的基础上，从汉语国际教育与汉语国际教育硕士专业学位教育的关系、汉语国际教育与对外汉语教学关系两个方面，我们继续就汉语国际教育内涵理解的一些其他问题展开讨论，以进一步深化对汉语国际教育的理解。

1. 汉语国际教育与汉语国际教育硕士专业学位教育的相关性分析

对汉语国际教育硕士专业学位教育与汉语国际教育两者相关性的认识，有助于我们深化对汉语国际教育内涵的理解，从而更为理性地对待汉语国际教育硕士专业学位教育实践。

《汉语国际教育硕士专业学位设置方案》明确提出：汉语国际教育硕士专业学位教育是以培养"适应汉语国际推广工作、胜任多种汉语教学任务的高层次、应用型、复合型专业教学人才"为目标。学位获得者应具有熟练的汉语作为第二语言教学的技能和良好的跨文化交际能力。在招生对象及入学考试上，汉语国际教育硕士专业学位教育的招生对象一般为学士学位获得者，具体包括以下三种类型：（1）大学本科应届毕业生；（2）具有学士学位或同等学历有志于从事汉语国际推广工作的人员；（3）海外具有同等资质的汉语教师或专业人员。在入学考试上，汉语国际教育硕士专业学位教育入学考试采用全国统考或联考、笔试与面试相结合的办法，着重考核学生的综合素质、专业能力和专业基础知识。

在培养方式上，汉语国际教育硕士专业学位教育采取指导教师负责制或导师指导与集体培养相结合的方式。课程学习与对外汉语教学实践紧密结合，学生在导师的指导下参加国内或国外的汉语教学或辅助教学工作，以加强教学实践能力的培养。

就前文所述的汉语国际教育内涵理解而言，汉语国际教育硕士专业学位教育不能算是完全意义上的汉语国际教育，虽然其动作发出主体、动作发生地都符合汉语国际教育的质性规定，但其动作指向对象明显与汉语国际教育不完全相符。汉语国际教育硕士专业学位教育的动作指向对象，其实质就是招生对象。汉语国际教育硕士专业学位教育也招收一定数量的外国学生——按前述的汉语国际教育内涵理解，其理应被归类到汉语国际教育中。可见，汉语国际教育硕士专业学位教育的受教对象并不一定完全符合汉语国际教育的要求，只有当受教对象是那些以非汉语为母语且非中国国籍的人时，才能称为汉语国际教育。故基于前述的汉语国际教育内涵理解，汉语国际教育硕士专业学位教育并不是真正意义上的汉语国际教育，而只是汉语国际教育师资培养的一种手段（图1-2）。

图 1-2　汉语国际教育与汉语国际教育硕士专业学位教育关系示意图

2. 汉语国际教育与对外汉语专业教育的相关性分析

对外汉语专业教育与汉语国际教育两者的相关性分析，是汉语国际教育内涵深化理解的重要基础。

在现阶段，对外汉语教学在汉语国际推广体系中占有极为重要的地位。对外汉语教学的类型、层次是多元的，同时对外汉语专业教育具有鲜明的层次性、目标性、规范性和专门性特点，是汉语国际教育的重要组成部分。现将其与汉语国际教育做如下比较。

首先，从施教主体上看，汉语国际教育和对外汉语专业教育的施教主体都是汉语教学的组织实施者。但具体来看，汉语国际教育通过多种不同载体，以汉语培训、汉语（文化）学习和中华文化传播为主，教学形式、教学层次的要求相对宽松；而对外汉语专业教育则长期在高等学校中存在，更多的属于有组织的正规学校教育，在教学内容、教学层次、修业年限、修业水平方面有相对严格的规定。其次，从施教对象上看，汉语国际教育的施教对象是海外母语非汉语者，对外汉语专业教育的施教对象更多的是那些有志于面向外国人从事汉语教学的中国人（不排除其中有少数的非中国国籍的母语非汉语者）。最后，从名称确立的时间和背景上看，汉语国际教育这一名称最早见于 2007 年，而对外汉语的表述则在 20 世纪就已出现。对外汉语教学译为 "Teaching Chinese to Foreigners"，在这个对外名称的表述中，"教学"对应英语的 "teaching"。而汉语国际教育则译作 "Teaching Chinese to Speakers of Other Languages"，"teaching" 对应的是 "教育" 一词，而非 "教学"，从 "教学" 到 "教育"，其内涵差异可见一斑。这种对外名称表述的差异，一方面反映了汉语国际教育与对外汉语教学的差别，另一方面也折射出汉语国际教育与对外汉语教学两者间的联系。

基于上述分析，联系汉语国际教育"作为一种特殊的教学活动，其以汉语教学组织实施者为施教主体，以海外母语非汉语者为施教对象，以汉语（文化）教学为教育内容"的内涵理解，我们不难发现，对外汉语专业教育和汉语国际教育的施教对象有所不同。前者被限定在高等学校内进行，组织形式单一，而后者则有多种不同的组织形式、多个不同的实施载体；在教学内容上，汉语国际教育以汉语（文化）教学为主，而对外汉语专业教学除了学习汉语（文化）知识以外，还要掌握汉语教学的教学技能和教学方法。因此，对外汉语专业教育和汉语国际教育两者既有联系，又有差别。两者间关系如图1-3所示。

图1-3　汉语国际教育与对外汉语专业教育关系示意图

3. 汉语国际教育与来华留学生教育的相关性分析

来华留学生教育，简言之即对来华的非中国国籍的留学生进行的教育，其有学历教育、非学历教育等不同的形式分类。在不同的形式下，其教学内容也不相同，对于非学历教育的学生而言，其教学内容更多集中在汉语学习上；而对于学历教育的来华留学生教育而言，其教学内容更多的是一种专业学习，如管理科学与工程专业的学习、临床医学专业的学习等。

从施教主体、施教对象、学习内容等方面展开，可将汉语国际教育与来华留学生教育做如下对比。

从施教主体来看，汉语国际教育的施教主体为汉语教学的组织实施者，而来华留学生教育的施教主体则并不一定是汉语教学的组织实施者，尤其在学历教育层次的来华留学生教育中，除那些专门攻读中文等专业的学历教育生以外，其施教主体更多的是某一相关知识领域的教学组织实施者。

从施教对象来看，汉语国际教育和来华留学生教育的施教对象是相同的；从教学内容来看，学历教育中的中文或汉语言等专业教育的教学内容和汉语国际教育相同，而学历教育中的其他专业教育的教学内容则与汉语国际教育不尽相同。因此，从总体上看，来华留学生教育和汉语国际教育存在一定的差异，除来华留学生教育中的汉语教学部分外，其余部分的来华留学生教育与汉语国际教育是不同的（图1-4）。

图1-4　汉语国际教育与来华留学生教育关系示意图

（四）汉语国际教育内涵再认识

前述理解使我们明确了汉语国际教育的主体、对象等内容，但在这些内容之外，以及概念表述的简略，依旧存在制约我们理解汉语国际教育的模糊区域，难免造成人们在汉语国际教育理解上的偏差，进而影响对汉语国际教育内涵的认识。尤其是在汉语国际教育与相关教育相关性分析的基础上，难免存在不完备之处。

1. 汉语国际教育概念的理解偏差

如果将汉语国际教育理解为"针对非中国母语非汉语者进行的汉语教学活动"，就容易产生诸多模糊认识和困惑。例如，当前在中国境内已经取得中国国籍的母语非汉语者的汉语学习是否属于汉语国际教育；汉语国际教育是否必须以中国为动作发出主体，普通民众是否可以在这种实践活动中获得代表国家的资格（由中国人在国外大学开设的汉语课程、中国人对国外母语非汉语者进行一对一汉语教学、东南亚国家的华文教育是否应该归属汉语国际教育的问题）；汉语国际教育的内容、层次、形式等如何规定，是专属于高等教育领域还是囊括从简单的汉语识字到汉语语言研究的所有层次？这些认识都是在汉语国际教育实践中需要进一步明确的。

汉语言断句习惯产生的歧义也会给汉语国际教育的理解带来一定的偏差。在汉语语言习惯的影响下，人们习惯于从"面向海外"或"面向海外母语非汉语者"几个地方将句子断开。不同的断句，其意义大相径庭，极易造成对汉语国际教育内涵的模糊认识和错误解读。例如，以"面向海外"为例，人们很容易错将汉语国际教育理解为"面向海外（动作发生地在中国）进行"，误以为只有在中国地域内进行的，针对"海外的母语非汉语者"的汉语教学才算是汉语国际教育。这样一来，作为当前我国汉语国际推广重要形式的孔子学院就被排除在汉语国际教育之外了。事实上，孔子学院无疑是汉语国际教育的最主要形式之一。早在国家提出汉语国际推广战略之初，孔子学院就作为一种"走出去"的重要的汉语国际推广方式而存在，在汉语国际教育这一名称正式确立之后，孔子学院更是在相当程度上充当了汉语国际教育的生力军而发挥作用。当然，这种因语言断句习惯所产生的理解偏差也是因人而异的。之所以在本书中将其明确提出来，目的在于尽可能完备地呈现每一种汉语国际教育理解偏差的可能，以使本书所提的汉语国际教育理解言之有理且相对完备。

2. 汉语国际教育内涵再认识

通过施教主体、受教主体、教学材料、教学地点的四维分析，并与现实中相关教学活动的相关性分析相结合，我们进一步展开汉语国际教育内涵的再认识。

（1）基于活动主体的汉语国际教育再认识。从汉语国际教育的动作发出主体看，因为汉语国际教育是面向海外母语非汉语者进行的，这一动作的发出主体则是"中国"，即只有"中国"这一特定的动作发出主体对"非中国区域内的母语非汉语者"所进行的汉语教学活动才能称为汉语国际教育。从汉语国际教育的动作发生地来看，汉语国际教育强调对"海外母语非汉语者"进行，故动作发生地既可以是中国，也可以是非中国地域。即只要是由中国这一主体发出的，面向海外母语非汉语者的汉语教学，无论动作发生地是否在中国，其都属于汉语国际教育。从汉语国际教育的动作对象看，汉语国际教育针对海外母语非汉语者进行。顾名思义，其动作指向对象是非中国国籍的母语非汉语者。从汉语国际教育的教学材料看，汉语国际教育其实是汉语文国际教育。"汉语国际推广的目的是使国外学习者通过学汉语达到对中国文字、文化、文学、文章技法的把握。"所以，"汉语文"是汉语国际教育的基本教学材料。

（2）基于语言学的汉语国际教育再认识。从语言学的角度看，中文语句的核心是"主谓"成分或者"主谓宾"成分，句中修饰性、限定性成分的省略无碍于人们对句子本意的理解。在"汉语国际教育是指面向海外母语非汉语者的汉语教学"这一释义中，主语是"汉语国际教育"，谓语为"是"，宾语为"汉语教学"，去掉其中的限定性表达即为"汉语国际教育是汉语教学"。"教育"与"教学"是两个非等同的概念。教育泛指一切培养人的活动，教学（狭义）专指课堂上教师的教和学生的学的活动。从这个意义上看，将汉语国际教育与汉语教学对等的提法并不合理。笔者认为，汉语国际教育理应被看作一个专门的知识领域，走专业化发展道路是提高汉语国际教育水平的重要途径。它是多种汉语教学形式、多个汉语教学层次、多种汉语教学类别的综合体，可以囊括从小学到研究生教育的所有层次，包括语言培训、汉语文研究等多个形式，也可以依托孔子学院、孔子课堂、高等学校等不同的载体展开。

（3）基于发展目标的汉语国际教育再认识。"汉语国际推广作为国家大外交战略的一个组成部分，其发展目标是实现六大转变：一是对外汉语教学向全方位汉语国际推广转变；二是从'请进来'学汉语的同时向加大汉语'走出去'力度的转变；三是从专业汉语教学向大众化、普及型、应用型教学转变……"可见，这一概念的提出并非为世界范围内的汉语教学找到一个共同的概念，而是在于探寻一种与"请进来"相结合的以"走出去"为主的汉语教学模式。从这个意义上看，汉语国际教育并非对外汉语教学的高级阶段，而是对外汉语教学的一种延伸。汉语国际教育与对外汉语教学是一个体系的两个方面，具有多样化、多层次、普及型的教学形式特征。

综上所述，在汉语国际教育的理解上，我们理应保持一种认识：以"汉语国际教育"替代"汉语国际推广"的名称表述并非为了给世界上各种各样的汉语教学找到一个统一的名称。作为一种学术探讨，我们不能将汉语国际教育与当下世界范围内所有的汉语教学等同起来，而是理应将汉语国际教育的概念理解和内涵认识纳入国家语言文化推广的战略背景下，从实然状态上把握其本质。综合来看，在狭义上，汉语国际教育可理解为"一种以汉语教学组织实施者为施教主体，以海外母语非汉语者为施教对象，以汉语（文化）教学为基础的特殊汉语教学活动"。在广义上，汉语国际教育可理解为以在海外对母语非汉语者实施的汉语教学（主要为孔子学院、孔子课堂等组织机构实施的汉语教学）、中国高校来华留学生汉语教学

（包括非学历教育的语言培训和学历教育的相关汉语教学）、对外汉语人才的培养（主要包括面向中国学习者的各类对外汉语专业教育，如对外汉语本科、汉语国际教育硕士专业学位等）以及机构培训（以海外母语非汉语者为对象的汉语培训）等为主要内容的多种汉语教学活动的总称。只要满足了汉语国际教育的本质要求，即推广中国文化、传播中华文明，无论是以远程教育、函授教育、一对一汉语培训的形式进行，还是以高等学校、孔子学院和孔子课堂及机构培训的模式展开；无论是低层次的汉语培训、语言学习，还是较高层次的专业人才培养及汉语文化研究，都是汉语国际教育的有机组成部分。

二、汉语国际教育的特征

特征是一种事物区别于其他事物的显著标志，汉语国际教育的特征就是汉语国际教育区别于其他各类教学活动的显著标志。本节主要从汉语国际教育对象的差异性、教育内容的丰富性、教育形式的多样性以及教育属性的多元性等四个方面，展开对汉语国际教育特征的探讨。

（一）教育对象的差异性

汉语国际教育针对海外母语非汉语者进行，其学习对象是外国人，这与我们通常所说的其他教育存在明显差别。这一方面与国家发展汉语国际教育的目的有关，另一方面也体现了汉语国际教育"走出去"推广中华文化、传播中华文明的价值导向。汉语国际教育对象的特殊性特征正是由此产生的。不仅如此，具体到高等学校、孔子学院中某一个班级的汉语国际教育来看，其受教对象的年龄差异、学习动机差异、原有的知识水平差异、学习心理差异等也普遍存在。例如，有的学习者可能是小学生、家庭主妇等，他们没有汉语学习的基础，因喜欢汉语而接受汉语国际教育；有的学习者可能是跨国企业或国际商贸领域的从业者，他们有一定的汉语基础，出于提升汉语交际能力的需求前来学习；有的学习者则可能是中国文化的研究者，因对中国文化感兴趣而接受汉语国际教育。因此，从总体上看，与我们一般所说的某一类教育相比，汉语国际教育在教育对象上，既有国籍、母语等方面的特殊性，也有年龄跨度、从业领域等方面的特殊性。

（二）教育内容的丰富性

汉语国际教育并不是简单的"教汉语"，而是借助语言这一文化载体，传播中华文明。从深层看，汉语国际教育其实是汉语（文化）国际教育，是一种文化的传输，所以汉语国际教育在内容上不仅仅是语言（以及构成语言的文字）的基本的听、说、读、写，还包括传统中华文化的书法艺术、剪纸艺术、戏曲表演、历史常识、文化简史等。不仅如此，从广义上看，汉语国际教育还包括对外汉语人才培养、汉语国际教育师资养成等教育形式。

这些汉语国际教育既有专业知识的教育，也有专业教学的教育，其中包含了汉语国际教育教学方法训练、教学内容选择、教学组织实践、教学模式改进等多方面的教育内容。

（三）教育形式的多样性

汉语国际教育为学习者提供了多样的教学内容选择，使那些不同年龄层次、不同学历水平、不同学习需求的人都可在其中找到自己所需的学习内容。在丰富的教育内容背后，是汉语国际教育形式的多样性。例如，远程教育形式的汉语国际教育，使学习者可以抛开时间、空间的限制，依靠现代信息传播技术完成汉语学习；机构培训的汉语国际教育，使学习者可以在正规学校教育之外，自由灵活地选择进入不同的汉语学习群体进行汉语学习；此外，还有正规的、有组织的高校汉语国际教育（如来华留学生汉语教学、对外汉语教学专业人才培养等）、孔子学院（孔子课堂）组织实施的汉语国际教育等多种不同的形式。

（四）教育属性的多元性

单就字面而言，汉语国际教育无非就是将汉语（文化）扩展到国际范围内来进行。如果将其联系到文化推广的背景下，还原这一提法的本意，汉语国际教育无疑具有"国家事业"的意义；而从实践层面看，汉语国际教育还具有"教学"的含义；如果说汉语国际教育要走向深入发展，专业化、学科化将是其不容回避的路径选择。所以说，汉语国际教育还具有"学科"（或未能上升到学科，而是属于具体人才培养单位的专业，属于一个特定的研究领域）的含义（图1-5）。

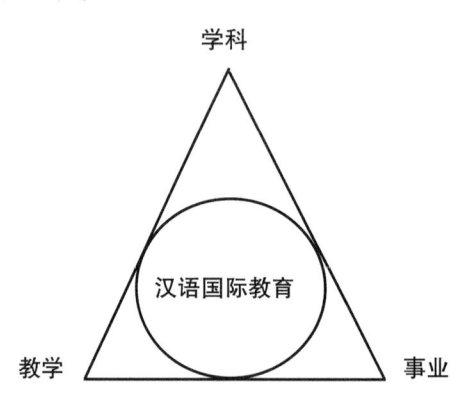

图1-5 汉语国际教育多元属性理解示意图

（1）教学

汉语国际教育的本意是指"以汉语（文化）为基础，针对海外母语非汉语者的汉语教学"。在一般意义上，教学是"教师将知识、技能传授给学生的过程"。这个教学过程从大的方面看，涉及总体设计、教材编写、教学实施和考试评价四个内容。汉语国际教育作为一种以汉语为基础的教学活动，归根结底就是要根据教学活动自身的特点和规律，做好汉语国际教育的总体设计，即明确汉语国际教育这一语言教学活动的教学目标、教学内容、教学组织形式，明确汉语国际教育的教材编写和选用，以讲授法、活动法等不同的教学方法展开汉语国际教育的教学工作；对一定时期、一定组织内的汉语国际教育教学效果进行评价，尤其是对学生的学习效果进行评价等。以此展开，就需要明确汉语国际教育的类型、层次、组织形式，进而对不同类型、层次、组织形式的汉语国际教育确定不同的总体设计，编写或选用不同的教材，进行不同的教学实施，采用不同的考试评价等。例如，对于高等学校的来华留学生教育，可以依据学历教育或者非学历教育的语言培训划定不同的培养目标，确定不同的修业水平和修业年限；对于孔子学院或者孔子课堂一类的汉语国际教育，应依据不同国家的具体情况在修业年限、教材选用、教学实施方面做出因地制宜的调整。

从当前的汉语国际教育教学实践来看，不但有汉语言培训教学——短期的汉语识字、汉语言应用教学、汉语预备教学，还有汉语言的本科教学——高等学校的汉语文专业教育以及汉语言专业下多种方向的教学；不但有一般的进修学习，还有强化教学；不但有一般的汉语教学，还有职业汉语教学，如商务汉语、旅游汉语、医学汉语等；不但有低层次的汉语学习，还有高层次的汉语（文化）研究；不但有班级授课制的汉语国际教育，还有一对一的汉语教学辅导等。

（2）学科

学科简单来说就是学术的分类。一般意义上，在高等学校成为一个学科，需要具备以下条件：①有独立的名称；②有专门的研究领域；③在高等学校开设专业；④有专门的研究人员和理论基础。从实际情况看，汉语国际教育在一些基本问题的认识上、在学科体系和理论框架构建上还有诸多尚待深入的地方。

"作为一个学科，对外汉语教学不仅包括教学，而且包括和教学密切相关的理论研究和系统研究。这种研究的内容不仅只是教学中出现的大大小小的各种现象，还应该是对外汉语教学中的一般原则、方法和规律。"汉语国际教育在一定程度上是由对外汉语教学发展而来的，在很大程度上以高等教育领域内的专门知识分类而展开。在现有认识下，学界将对外汉语教学的基础学科确定为语言学、心理学及教育学，并以语言学理论、心理学理论和教育学理论作为对外汉语教学的基本理论。在这种理解下，围绕汉语国际教育和对外汉语教学的关系以及汉语国际教育固有的特殊性展开，汉语国际教育的学科基础除语言学、心理学、教育学之外，还理应包括传播学、跨文化交际学、神经生理学等内容。其原因如下：第一，汉语国际教育虽然以传播中国文化、弘扬中华文明为核心，但其载体仍旧是汉语这一基本语言；第二，汉语国际教育从大处说是达成国家汉语国际教育推广战略的具体手段，是一种文化的传扬和输出，因此，还涉及传播学的内容；第三，汉语国际教育往小里说是

13

一种语言教学，涉及教学心理、教师心理、学生心理、学习心理、文化心理等诸多内容，因此，还涉及教育学、心理学的内容。在这四个学科中，语言学重点研究"教什么""如何学""怎么教"这三个问题以及这三者之间的相互关系。

事实上，学科和教学既有区别，又有联系。通过系统研究，我们才能了解学习者按什么顺序习得语言项目，用什么策略学习语言知识、掌握交际技能，才能明白教什么，用什么教学方法、教学顺序、教学手段才能取得最好的教学效果。只有这些研究有了阶段性成果，才可能促使教学有阶段性的发展。比如说，早期的对外汉语教学没有意识到"教什么""怎么教"的重要性，对此也没有研究，将一些对母语为汉语者的教学内容放到对母语为非汉语者的教学中，或把语言本体研究中语言项目的次序直接搬到对外汉语教学中，但这些做法都不利于教学的顺利进行。

（3）事业

汉语国际教育除具有教学、学科的基本属性之外，还是一项文化推广事业。

第二节　汉语国际教育的背景

汉语国际教育并非从来就有，而是伴随着人类多元文明的交互发展而产生、演进。在新的时代下，经济全球化的国际形势促进了汉语国际教育发展的现实需求。汉语国际教育作为一项教育活动，其存在、发展都与外部社会环境（宏观背景）高度依存，汉语国际教育过去的历史、现在的发展、未来的走向均与此密切相关。

一、汉语国际教育的发展历程

一方面，汉语国际教育与来华留学生教育、对外汉语教学、汉语作为第二语言的教学等活动一脉相承；另一方面，汉语国际教育的提出具有丰富的内涵和广阔的发展路径。汉语国际教育作为对外汉语教学适应新形势的一种重要发展概念，有效地促进了我国语言文化传播事业的发展。如果说在汉语国际教育概念出现之前，我国的语言文化传播事业仅以来华留学生的汉语教学为载体，那么在汉语国际教育出现之后，我国的语言文化传播事业则呈现出"内外相济，多元并举"的局面。在国内，对外汉语教学不断辐射来华留学生群体，成为一种以国内为主阵地的、以来华留学生汉语教学（更多强调来华留学生的学历性汉语教学和非学历性汉语教学）为主的"请进来"的汉语国际传播；在国外，汉语国际教育综合面向全世界，成为一种辐射全球的、以海外母语非汉语者为教育对象的、以"走出去"为主的汉语国际传播。此外，随着汉语国际教育推广事业教育性、专业性和实效性的提升，对外汉语教学人才培养也逐步拓展为汉语国际教育的一个新体系。

基于以上理解，我们将汉语国际教育的发展历程分为前汉语国际教育阶段和汉语国际教育阶段。前一阶段围绕对外汉语教学展开，以"请进来"为主，做汉语国际教育之事，但无汉语国际教育之名；后一阶段以汉语国际教育名称的确立为标志，吸引与输出相结合，呈现了以"走出去"汉语教学为主的局面。

（一）前汉语国际教育阶段

汉语是世界上最古老的语言之一，有着悠久的国际传播历史。从秦、汉时期，汉语就开始了向外传播，并逐步在东亚和东南亚地区形成了一个"汉字文化圈"，主要包括中国、朝鲜半岛、日本和东南亚的越南。

汉字在朝鲜半岛、日本、越南的传播大致可以分为三个阶段。第一阶段——用汉字记录本民族语言。第二阶段——满足记录本民族语言的需要。这一阶段，汉字的作用在一定程度上被改变，一些特殊的、有别于传统汉字的新汉字被创造，如越南的"喃字"、日本的"国字"。第三阶段——依照汉语特点创造本民族文字。例如，日本在汉字楷书基础上设计出供本国使用的"片假名"，随后又在汉字草书的基础上设计出"平假名"。朝鲜在1443年，由其世宗大王仿照汉字结构，设计出朝鲜文字，但创立后仅下层人士、妇女使用，官方、知识界仍使用汉字和汉语书面语。直到1919年，当地爆发了"三一运动"，文化上倡导"言文一致"，提倡使用本国文字，汉字的地位才逐步下降。越南在17世纪之前普遍使用汉字，其现在使用的越南文是17世纪后由葡萄牙、西班牙、法国等国到越南的传教士开始创造并逐步演进而成的。

目前的情况是，日语、汉语、越南语等语言中均存在大量（约60%）的汉语借词（虽然现在越南已经不使用汉字了）。

总体而言，自秦汉以来，中国的对外汉语传播就从未中断过。其中，尤以唐宋及明清时期为盛。唐代，中国的经济空前繁荣，绚丽多彩的文化吸引了周边国家许多友好人士前来学习，留学生教育（当时称为遣唐留学生，也有称遣唐使）成为当时汉语传播的重要手段，典型代表如日本的阿倍仲麻吕等。宋代，周边国家的人对汉语学习倾注了很大热情，推行了一系列富有成效的措施，从而保障了汉语文与中国文化的传播。尤其是在活字印刷术发明以后，汉文典籍外传的效率和规模普遍提高，典型的如公元995年，宋僧道隆应日僧的邀请，率弟子数人东渡日本，创建建长寺，宣扬禅风等。及至明清时期，我国与周边国家的民间交往日益普遍、深入，汉语国际传播的速度不断加快，同时还出现了一批很有影响力的汉语学习教材。例如，《老乞大》《朴通事》《训世评话》等是明代初期朝鲜人学习汉语口语的教材，《官话指南》《燕京妇语》是日本人在北京工作和生活所用的汉语口语教材，《语言自迩集》等是欧洲人编写的学习汉语的教材。

1950年，清华大学开办"东欧交换生中国语文专修班"，开始接收第一批外国留学生并对他们进行汉语教学，中国的汉语传播事业重新拉开了序幕。

1952年，我国向海外派遣了第一批汉语教师，朱德熙先生等人被派往保加利亚等国任教，执行政府间协议，成为向国外推广汉语教学的第一批使者。为适应对外汉语教学事业的不断发展，1962年国务院批准成立了"外国留学生高等预备学校"，1964年定名为"北京语言学院"，这是我国第一所以对外汉语教学为主要任务的高校。

教学规模的扩大和本科教学的创建，使得设立一门专为外国留学生汉语教学服务的学科成为当务之急。1982年4月，国内21家教学单位在北京语言学院举行"对外汉语教学学会"第一次筹备会，"对外汉语教学"的提议得到一致肯定，会议一致同意学会的名称叫作"中国教育学会对外汉语教学研究会"，后来研究会提升为一级学会的时候，就顺理成章地叫作"中国对外汉语教学学会"。为了便于国际交流，学会的英语译名定为"All China Association for Teaching Chinese as a Foreign Language"。

1990年，汉语水平考试（HSK）正式实施，迄今为止，全世界共有40余万人参加了考试。

2002年8月，举办首届"汉语桥"世界大学生中文比赛。此后，"汉语桥"世界大学生中文比赛便成为每年一次的惯例。

2004年4月15日，教育部正式启动"国际汉语教师中国志愿者计划"，选拔培训合格的志愿者教师分赴海外从事全职汉语教学工作，以解决全球汉语教师紧缺问题。外派汉语志愿者教师活动标志着汉语教育的"主战场"由国内转向国外，汉语教学实质上进入了汉语国际教育时代。

总的来说，在的汉语传播及发展历程中（前汉语国际教育阶段），整个汉语教学活动可以说是相对被动的，其所做的工作更多限于接待好来华的各类学习人员（尤其是语言上的交流与互通）。在这个过程中，外国人是学习汉语的主动者，国家语言文化的推广主要是通过"请进来"的方式教外国人学习汉语，输出中华文化和传播中华文明。但必须看到，我们今天所说的汉语国际教育也正是通过以上各历史时期汉语的传播发展积累起来的，它们之间有着无法割裂的历史联系，没有历史上汉语传播的积累及当今时代发展需求，就不可能形成今天的汉语国际教育历史时期，故此，我们把如上阶段称为前汉语国际教育阶段。

（二）汉语国际教育阶段

进入21世纪以来，以计算机、电子信息技术为主导的信息科技革命席卷全球，全球化的交往呈现出前所未有的趋势，汉语的跨文化、跨国界交往成为一种可能，更成为一种必要；随着中国经济发展水平的提升，对外经济交往和贸易活动逐年大幅度提升，汉语也自然成为国与国之间交往必不可少的沟通工具。此外，随着中国经济的持续发展和世界文化的加速融合，汉语及其所承载的东方文化越来越引人注目，全球汉语学习者人数持续增加，在世界范围内推广汉语教学，介绍中华文化，让更多的人以更快捷的方式掌握汉语，已成为全球化时代汉语国际传播的趋势。

为适应经济全球化和我国加速融入世界的需要，过去那种单纯"请进来"的汉语推广方式已经不再适应形势需要，因而"请进来"与"走出去"的结合无疑成为"加快汉语国际推广，提升我国文化影响力和软实力"的必然选择。

2004年11月21日，全球第一家孔子学院在韩国首尔建成。2005年2月18日，欧洲首家孔子学院——北欧斯德哥尔摩孔子学院在斯德哥尔摩大学中文系挂牌成立。2005年3月7日，美国的第一所孔子学院——马里兰大学孔子学院挂牌成立。

2005年7月，首届世界汉语大会在北京举行，来自五大洲66个国家的300多位代表出席了这次大会。这次大会既是一次对内的汉语国际推广的动员大会，同时也是一次对外的汉语国际推广的宣传大会。此次大会之后，国内的汉语国际教育力量被动员起来，国外汉语国际教育的热情得到了进一步提升，汉语国际推广工作由此进入高速发展阶段。

2006年7月，全国汉语国际推广工作会议明确提出，要树立新的汉语国际推广观，从发展战略、工作重心、推广理念、推广机制、推广模式和教学方法实现"六大转变"，强调要加强汉语国际推广能力建设，对汉语作为第二语言、外语教学教师的能力与素质提出了更高的要求。

2007年3月，国务院学位委员会第二十三次会议审议通过了《汉语国际教育硕士专业学位设置方案》，"汉语国际教育"这一名称得以正式确立。

我国已在亚洲、非洲、欧洲、美洲、大洋洲等134个国家和地区建立了孔子学院，全世界直接或间接接受、参与汉语国际教育的人数已经有上亿人。其中，既有创办在西方发达国家和地区的孔子学院（孔子课堂）的汉语教学，也有在第三世界国家开展汉语教学的培训机构；既有进入高等教育研究生教育层次的中国语言文学研究（专业教育），也有纯粹的汉语识字和汉语言培训。

（三）汉语国际教育的时代应答

经过了前汉语国际教育阶段、汉语国际教育阶段的发展，今天的汉语国际教育正紧跟时代步伐，广泛融入社会生活中。例如，"中国文化周""中国文化月""中国文化年""中国文化节"等活动在法国、俄罗斯等国屡见不鲜；在各类电视报道和电视节目中，外国人学说汉语、学习中国书法、唱中国歌的情况更比比皆是。随着全球化与中国现代化的交互，世界性"汉语热"正成为21世纪语言文化传播的重要特征。

"汉语国际推广，路已渐宽，路还很长。"在汉语国际教育不断推进的新形势下，尚有诸多可待解决的问题。诚如某语言大学王路江教授所说，"过去，我们更多地看到的是语言源于民族文化的根基的一面，忽略了语言还有更加有价值的跨文化、跨国界传播的一面，没有发现我们汉语有在非本土传播文化的强大生命力。我们注意到，在世界经济全球化的推动下，大众消费文化以不同的民族语言，在不同的国家疆界内同步叙述着相同的文本，已经成为十分普遍的生活现象，这使语言超越国家的疆界为其他国家所用成为事实。是世界经济全球化的浪潮向我们展示了汉语的国际化趋势，也使'对外汉语教学'向国际汉语教学的转变成为一种日渐明显的趋向，引发我们的关注和思考"。

在新的时代背景下，"汉语国际教育，它比以前应用最广的'对外汉语教学'的内涵以及外延都扩大了。从'对外汉语教学'到'国际汉语教学'不仅是名称的变化，更重要的是把我们置于更宽广的背景下思考我们的学科发展现状以及未来。当我们把视线从'对外汉语教学'放眼到国际汉语教学，把我们的事业置于国际化背景下思考时，我们有必要重新审视我们的位置，做出学校发展新的战略规划"。这是我们每个一线汉语国际教育实践工作者和汉语国际教育研究者所肩负的使命，更是汉语国际教育必需的时代应答。

二、汉语国际教育的发展现状

汉语国际教育不论在规模上，还是在质量、效益上都取得了相当程度的发展。一方面，汉语国际教育机构不断健全，相关政策法规不断完善，考试制度日渐完备，教材建设、师资培养逐步走向深入；另一方面，汉语国际教育亦存在专业化水平不高、基础性研究缺乏、质量控制不严等诸多可待解决的问题。

（一）汉语国际教育发展概况

汉语国际教育作为一项综合性的教学活动，其发展是多维度的，既有参与者人数的增加，也有教学材料的变化和积累，还有评价标准、外部支持等方面的变革。围绕汉语国际教育发展的相关因素，目前汉语国际教育发展的现状体现了以下几方面的特点。

1. 汉语学习人数不断增加

近年来，随着"汉语热"的持续升温，汉语学习人数激增已成为不争的事实。在与中国交往较为密切的部分国家和地区，汉语学习还呈现出从高等教育领域向初等教育、幼儿教学扩展的趋势。

孔子学院已成为各国学生学习汉语言文化、了解当代中国的主要平台。与此同时，在美洲、欧洲、非洲的多个国家和地区，孔子课堂采取因地制宜、灵活多样的办学形式，面向大中学校、社区和企业，教授汉语，传播中华文化。

2. 汉语国际教育机制逐步形成

为保证汉语国际教育工作健康、有序、顺畅、高效地运行，国务院的11个有关部门发起并成立了"中国国家汉语国际推广领导小组办公室"以下简称"汉办"。国家汉办直属于中华人民共和国教育部（以下简称教育部），是司职汉语国际教育的专门性机构，旨在负责制定汉语国际推广的方针政策和发展规划，支持各国各级各类教育机构开展汉语教学，在多个国家和地区与大学和中学合作；制定对外汉语教学标准并组织评估，编制和推广汉语教材；制定对外汉语教师资格标准并开展培训，选派出国对外汉语教师和志愿者，实施汉语作为外语教学能力认证；制定对外汉语教学网络建设标准，构建相关网络平台并提供资源，开发和推广各种对外汉语考试，加强中国孔子学院总部及各类孔子学院的建设。

在国家汉办成立并不断规范指导汉语国际教育发展的同时，全国多个省（市、区）教育主管部门将汉语国际推广列入教育工作议程，成立相应的教育领导小组，制订工作规划，极大地促进了汉语国际推广工作。除高等教育主管部门、高等学校、出版机构外，也有为数众多的中小学、企业（如文化、教育公司，计算机、网络公司等）加入汉语国际推广中，基本上实现了汉语国际教育推广机制从教育系统向系统内外、政府民间、国内国外共同推进转变，推广模式也在从政府的行政主导为主向政府推动的市场运作转变。

3. 汉语水平考试制度逐步健全

汉语水平考试是考查各汉语学习者汉语学习水平的重要手段。在过去相当长的一段时期内，专门的汉语水平考试制度和专业性的汉语水平测试组织一度缺乏，汉语水平考试大多停留在"教师考学生""语言对话"的浅显层面上。20世纪90年代，随着全球汉语学习人数的增长，传统的"教师考学生"的汉语水平考试方式可待改进。在这一背景下，北京语言大学汉语水平考试中心设计研制了HSK水平考试，并于1990年2月正式开考。2009年11月，中国国家汉办组织中外专家，在充分调查、了解海外实际汉语教学情况的基础上，借鉴近年来国际语言测试研究最新成果，重新研发并推出新汉语水平考试（新HSK）。新HSK是一项国际汉语能力标准化考试，重点考查汉语非第一语言的考生用汉语进行交际的能力。新HSK和老HSK在考试形式、考试内容以及难易标准上都有较大差异。至此，国家汉语水平考试进入了一个新的发展阶段。这类考试（尤其是HSK水平考试）一方面在高等学校高层次的汉语国际教育中充当着准入门槛的角色，另一方面也为世界范围内的汉语国际教育确立了一个相对统一的基础性评价标准。

4. 汉语教材建设取得明显实效

汉语国际教育强调针对海外母语非汉语者进行。就实际情况而言，现有的汉语国际教育受教育对象一般并不具备汉语学习基础。在当前多元化的汉语国际教育背景下，研制一套能针对多个受教对象的，具有高度适应性的汉语国际教育教材甚为必要。国家汉办自成立以来，通过课题立项、专项资助、委托研究等形式积极支持汉语国际教育教材开发工作。通过几年的发展，汉语国际教育教材开发无论是在数量上还是在质量上都取得了显著的效果，针对不同语种和国家的汉语国际教育教材相继问世，如英语区教材、韩国教材、泰国教材、阿拉伯语区教材等。此外，还有针对不同职业或阶层的教材，如商务汉语教材、旅游汉语教材、儿童汉语教材、汉语学历教育教材等。

5. 师资培养质量及输出水平提高

为积极应对汉语国际教育在不同国家、不同地区、不同文化环境的师资适配性问题，汉语国际教育师资培养机制改革也随之展开。具体工作包括：（1）改进对外汉语本科教学，加大外语、外国文化、跨文化交际、中国文化才艺、国外中小学教学法等内容的学习训练，加大汉语教学实习尤其是到海外实习的分量。（2）对国内文科相关专业的学生（尤其是外语专业的学生）进行汉语作为外语教学方面的短期培训，使之能胜任相关工作。（3）设置汉语国际教育硕士专业学位教育，培养适应汉语国际推广工作，胜任汉语作为第二语言／外语教学的高层次、应用型、复合型专门人才。（4）扩大外国本土教师的培养培训规模。在这些举措的指导下，一些高校不断创新汉语国际教育师资培养模式。经过近几年的发展，一批具备较高汉语素养，具有异国文化适应力和较强汉语国际教育水平的师资队伍得以形成和外输，汉语国际教育师资在不同国家和地区的适配性问题得以部分解决，汉语国际教育的师资培养及输出水平明显提高。

6. 学科建设进程逐步深化

在汉语国际教育的学科发展上，2008年，"汉语国际教育"被列入"中国语言文学"之下的二级学科。在这一基础上，很多高校开展了不同程度的汉语国际教育学科化研究，将对外汉语教学的学科体系和学科内容进一步往前迁移，力图在汉语国际推广的新形势下构建汉语国际教育的专门学科体系（有的称作国际汉语教学学科）。

在汉语国际推广的标准化建设方面，首先，汉语国际教育学习资助体系逐步确立。近年来，国家汉办等相关部门设立了面向海外的对外汉语教学基金——汉语桥基金，加强了与国外汉语教学界的联系、交流与合作，加强了对国内外汉语教师的培训工作，世界范围内的汉语国际教育学习资助体系初步建立。其次，汉语国际教育的标准化要求逐步形成。2007年年底，国家汉办组织国内外人才在合理借鉴若干国外语言教学大纲经验的基础上，提出了汉语国际教育的三个标准——《国际汉语教师标准》、《国际汉语能力标准》及《国际汉语教学通用课程大纲》。在这三个标准要求中，《国际汉语教师标准》对从事国际汉语教学工作的教师应具备的知识、能力和素质进行了全面描述，建立了一套完善、科学、规范的教师标准体系,为国际汉语教师的培养、培训、能力评估和资格认证提供了依据。《国际汉语能力标准》对国际汉语的总体能力、汉语口语和书面交际能力,分5级进行了描述,同时还列举了各种语言能力级别应完成的汉语应用任务,为国际汉语教学总体设计、国际汉语教学大纲的制订、国际汉语教材的编写提供了主要依据,同时也为评测汉语学习者语言能力以及开发、设计汉语能力考试提供了参考。《国际汉语教学通用课程大纲》对汉语作为第二语言课程目标与内容做了系统全面的梳理和描述,尤其是对课程目标及学习者所应具备的语言知识、语言技能、策略和文化意识等方面,进行了分级分类描述,为汉语教学机构和教师在教学计划制订、学习者语言能力评测和教材编写等方面提供了参考依据和参照标准。此外,孔子学院总部/国家汉办的成立,孔子学院设立章程的确立也极大地促进了汉语国际教育的标准化进程。这些标准性建设既体现了汉语国际教育专业水平的提高,又为汉语国际教育的学科发展丰富了内容、创造了条件。

(二)汉语国际教育的现存问题

通过如上汉语国际教育的基本现状梳理,我们不难发现,尽管汉语国际教育在师资培养、教材建设上,以及在孔子学院(孔子课堂)建设方面都取得了一定成绩,但汉语国际教育的可持续发展问题、理论研究问题、质量控制问题仍有极大的改进空间,无论是学界的理论研究,还是一线汉语国际教育实践都应加强对这些问题的深入探讨。

1. 关于汉语国际教育的可持续发展问题

一是汉语国际推广的发展定位。长期以来,对外汉语教学大多局限于专业人才培养,过分强调其学术性和系统性,汉语国际推广工作没有被提到应有的战略水平,也没有作为"走出去"战略的重要内容进行总体规划与实施。战略定位的明确性对汉语国际教育的发展有重要的推进作用。我们都知道,从广义上看,无论是高等学校来华留学生汉语教学、在海外对母语非汉语者的汉语教学(以孔子学院、孔子课堂等为载体实施的汉语教学等)还是对外汉语人才培养(含高校对外汉语教学专业教育、汉语国际教育硕士专业学位教育)都是汉语国际教育。而汉语国际教育的类型、层次、内容的多元性特征,使其发展必须要求分类指导,现有的从事汉语国际教育的各类机构,逐步建立各司其职、各属其能、各得其所的发展定位,形成可持续发展的汉语国际教育。

二是汉语国际推广的机制运行。汉语国际推广是一项重要且具有市场前景的文化产业,运用市场竞争机制及政策激励相关机构和社会力量积极参与的措施不够。事实上,在经济全球化和我国市场经济不断发展的今天,在国家宏观调控的基础上,允许市场在汉语国际教育的资源配置中起基础性决定作用,广泛引入社会力量参与汉语国际教育,对于传播中国文化、弘扬中华文明来说无疑具有极大帮助。

三是汉语国际推广的效能提高。近年来，孔子学院总部/国家汉办为开展对外汉语教学工作发挥了重要的作用，但与汉语国际推广的新形势、新要求相比，在层次和职能等方面都不匹配。有研究者提到，近年来，尽管我国为进一步扩大汉语影响，也采取了一些可行的手段和措施，如通过各种国际文化交流扩大汉语影响、积极向海外派遣汉语教师，建立孔子学院、成立孔子学院总部以进一步推动汉语国际推广等。但从总体来看，我国汉语国际推广的手段还不够丰富，尚有许多可取的方法和途径没有被很好地利用起来。有的专业学者提出要充分利用汉语拼音的优势来推动汉语国际化进程，积极争取汉语在各种国际性活动中的话语权地位来发挥汉语的国际影响，但这些想法有必要在实践中进行深入的探索。

四是汉语国际教育师资队伍的建设。对外汉语教学、海外华文教育在师资、教材等方面严重不适应"汉语加快走向世界"的要求，已经成为制约汉语国际推广的瓶颈。我国现有的专职对外汉语教师数量远不能满足实际需要，现有教师大多知识结构陈旧，具备汉语和外语等复合技能的人员极少；高校培养的对外汉语专业毕业生数量少，而且只有少部分人从事对外汉语教学工作。在外派汉语志愿者方面，其筛选、培训、外派管理、评估等均不成体系。对外汉语教材开发和供给能力不足，缺乏面向不同国家和地区、不同层次要求的多样化教材，特别是大众型教材、入门型教材、网络多媒体教材和多种形式的口语教材。

五是对外汉语教学工作的创新发展。目前，对外汉语教学工作主要依靠少数高校，以接收来华留学生的汉语教学为主。在汉语国际推广由"请进来"向"走出去"的转变进程中，汉语推广的教育理论和方法匮乏，教学手段落后，对外汉语教学规律的研究，尤其是针对不同国家和不同文化背景的汉语教学研究不够。汉语水平考试标准设置不合理，门槛过高，难度过大，研发和推广的主管单位权责不明确，导致考试设计和考务运行水平低，考点布局、实施手段、题库建设等方面都与推广汉语水平考试的要求不相适应。这些既是汉语国际教育的现实困境，也是汉语国际教育发展迫切需要改进的问题。

综上五点内容，表明我国的汉语国际教育的发展尚存在改进的空间。如何进一步明确汉语国际教育的定位、主体、参与机制和内容，并从制度上、机制上创造汉语国际推广的良好运行环境，实现汉语国际教育的最大效能，是汉语国际教育的发展长期需要关注并探索解决的问题。

2. 关于汉语国际教育的学术研究

汉语国际教育的一些基础性问题、本源性问题仍旧未能得到很好的确认和解决。首先是汉语国际教育的内涵问题。到目前为止，对这一问题缺乏深入系统的理论研究。汉语国际教育作为一种特殊的教育活动，是随时代发展而产生的新概念，有其存在和形成的基础和价值。汉语国际教育并非是无须解释、不证自明的概念。众所周知，概念是对内容本身的高度凝练和概括。没有明确的汉语国际教育概念就难有明确的汉语国际教育发展思路，这个发展思路既有理论研究上的内容，也涵盖实践操作上的内容。对于一项研究工作来说，没有明确的研究内容，就不可能选用明确的研究方法，不可能形成特定的理论体系和理论基础；而对于一项实践工作来说，没有明确的思路，就不能找出明确的操作对象，具体可行的操作方法。

其次是汉语国际教育的内容设定问题。简单来说，就是汉语国际教育做什么和教什么的问题。汉语国际教育的实施类型及层次是多元的，其内容也呈现多样性。然而，针对不同类型、层次的汉语国际教育，在制订相应的内容要求、提供相应的教学材料、构建配套的考核评估体系等方面尚不够规范，尤其是在汉语国际教育的专业化发展，专业人才的培养目标、修业年限、课程设置等方面的内容都存在深化理论研究、改进实践模式的问题。

最后是汉语国际教育的战略发展问题。汉语国际教育从哪里来，是汉语国际教育的历史本源探究的问题；汉语国际教育现在走到何处，是汉语国际教育的现状问题；汉语国际教育要去哪里，也就是汉语国际教育的走向，是汉语国际教育的未来发展问题。

从这几个问题上思考，势必应该深入系统地研究汉语国际教育的可持续发展，从宏观上加强汉语国际教育的政策环境与路径等问题研究，从微观上深化汉语国际教育的教学方法、教学手段、教学目标、教学理念、教学评价、质量保证等问题的探索。只有不断提高汉语国际教育研究的理论水平，重视汉语国际教育的专业化、学科化发展，才能促进汉语国际教育的实践成效，以使汉语国际教育更好地服务于国家的文化推广事业。

3. 关于汉语国际教育的质量控制

当前全球汉语服务业面临教学课程质量控制不足、汉语教师供不应求、汉语水平测试缺乏一套通用大纲和国际标准等棘手问题。当前的汉语国际教育，其形式和内容也是不统一的，典型的如汉语课程水准不一、汉语程度测试标准缺乏相对统一性等。

当前的汉语水平测试是多种多样的，且各种汉语水平测试之间还存在互不相认的情况。在这种情况下，各组织采用的评估准则、评分系统大相径庭，因此测试出来的结果，通常也只能得到本国或特定区域的认可。对以汉语作为外语的学习者来讲，没有一个像托福、雅思那样得到广泛认可的汉语水平测试。当前，除了HSK考试可在一定程度上充当汉语国际教育的评价标准之外，还没有一个统一的汉语国际教育的既定评价形式。而HSK水平考试，其在更多的时候也是扮演着测定来华留学生汉语学习水平的角色，而非具体地被指定为汉语国际教育的测试标准。就现实情况来看，我国当前在世界各地创办了数以百计的孔子学院和孔子课堂，招收了数以万计的学生，但是对于学生汉语学习水平的测定，公认的普遍的统一标准尚未形成。在全球化的今天，国际的人才流动，面向世界性就业市场的就业、求学都变得非常普遍。因此，在汉语国际教育不断发展的征途上，我们有必要加强通用汉语国际教育质量评定标准的建立，逐步形成有影响力、认可度高、适应性强的质量评价标准，以使汉语国际教育能在不同区域、不同形式下获得相对统一的发展指导和质量认定，打破因缺乏统一认定标准而导致的汉语国际教育壁垒。

第三节 汉语国际教育的发展趋势

汉语国际教育正越来越广泛地进入高等教育领域。在高等学校这个围绕知识发现、知识生产、知识传播和知识运用而建立起来的知识操作系统中，学科化、专业化、体系化的知识构建是高等学校汉语国际教育发展的方向。从理论上看，高校汉语国际教育是一个专门的知识领域，这就决定了汉语国际教育在高等学校理应走专业化的发展道路；从价值判断上看，单有高等学校汉语国际教育的专业化是不够的，其还需要综合化、体系化，以更好地促进其专业化；从实践上看，汉语国际教育是一项社会性活动，理应在自我发展的过程中不断与周围环境交互协调发展，故从这个意义上看，区域化也是高校汉语国际教育的发展趋势。本节主要围绕高校汉语国际教育的专业化、体系化和区域化问题展开讨论。

一、高校汉语国际教育的专业化

专业化即高度分化基础上的专门化。作为一种基本的事实判断，高校汉语国际教育专业化的基本内涵是什么？作为一种价值判断，高校汉语国际教育的专业化好还是不好？作为一种必然性，高校汉语国际教育的专业化是否有必要？如果说高校汉语国际教育的专业化是好的、有必要的，那么如何实行其专业化？

（一）高校汉语国际教育专业化的相关概念

高校汉语国际教育的专业化有两层含义：一是要让高校汉语国际教育从不专业走向专业，使其成为高等教育领域内一个专门的运营体系；二是高校汉语国际教育应形成自己的学科体系，在理论研究、实践运行上都不断深化发展。

1. 专业化

"专业化"一词最早来源于社会产业部门，其根据产品生产的不同过程而分成各业务部门，这个过程就是专业化。按照现代广泛运用的利伯曼"专业化"标准的定义解释，所谓"专业"，理应满足以下基本条件：一是范围明确、垄断地从事于社会不可缺少的工作；二是运用高度的理智性技术；三是需要长期的专业教育；四是从事者个人、集体均具有广泛的自律性；五是专业自律性范围内，直接负有做出判断、采取行为的责任；六是非营利性，以服务为动机；七是拥有应用方式具体化了的伦理纲领。

2. 汉语国际教育专业化的内涵

联系"专业化"一词的一般性认识，高校汉语国际教育的专业化可基本理解如下：一是具有明确的汉语国际教育范围，垄断地、独立地开展汉语国际教育的工作，使高校汉语国际教育成为整个汉语国际教育体系中必不可少的组成部分；二是高校汉语国际教育应具有高度的理智性技术，即在高校汉语国际教育的组织实施过程中，要有自己高度科学、高度规范的教学方法、教学技术和教学手段等；三是高校汉语国际教育应向专业教育发展，使其成为一种长期、固定的高等教育领域内的汉语教学活动；四是高校汉语国际教育参与者（包括个人、社会组织等）应具有广泛的自律性，自觉按照汉语国际教育的基本规律和运行机制来约束自身；五是所有参与人员应在高校汉语国际教育的范围内，独立地、创造性地进行高校汉语国际教育专业研究和专业实践；六是高校汉语国际教育必须遵循其作为国家事业和国家战略的要求，保持其非营利性，以传播中国文化、弘扬中华文明为其一以贯之目的；七是高校汉语国际教育应形成一套规范的价值标准和价值准则。

高校汉语国际教育作为一种专门性的人才培养活动，对其专业化的考察，一方面需要考虑其作为社会产业部门的专业化特性，另一方面还需要考虑其教育基本属性。从这个意义上看，走专业化发展的道路，要求高校汉语国际教育必须具有自己专门的研究领域、专门的教学内容、专门的师资队伍、专门的研究管理人员和专门的研究人员等。进一步看，我们也可以从学科化的角度来理解高校汉语国际教育的专业化问题。

"学科"一词最早在英文中的表述为"discipline"。有学者认为："学科是与知识相联系的一个学术概念，它是指按门类划分的系统知识，或说知识门类。""可以说，学科是自然科学、社会科学两大知识系统内知识子系统的集合概念，学科是分化的科学领域，是自然科学、社会科学概念的下位概念。"而所谓"学科化"，简单来说就是使某一现阶段的"非学科"事物达至"学科"的程度。通俗来说，"化"即指事物性质或形态改变，是一个动态的过程。故"学科化"也是一个动态的过程，用以指将那些作为人才培养基本单位的专业按照一定的知识分类集合起来形成学科的聚集，并构建专门的研究对象、研究内容和研究方法的过程。

综上所述，汉语国际教育的专业化，归根结底就是要让汉语国际教育在高等教育领域中从不成熟走向成熟，从不完善走向完善，从单纯的实践走向理论与实践相结合，确立汉语国际教育专门的研究领域、专属的研究内容，在大学开设相关专业，建立专门的学术团体，打造专门的学术刊物的过程。

（二）高校汉语国际教育专业化发展的必要性

汉语国际教育是一类汉语教学活动的统称，理应走专业化发展道路。当前，汉语国际教育尚处于起步阶段，还存在诸多可待解决的问题。在汉语国际教育发展过程中，解决这些问题正是汉语国际教育专业化发展的必要条件。正如王路江等学者所言："面向世界加强汉语作为外语教学的学科建设，是加快汉语教学、汉语学习和汉语应用国际化进程的一项核心工作。"笔者认为，在国际交往日趋扩大，全球化不断加剧的今天，"对外汉语教学""来华留学生汉语教学"等表达已无法适应现实社会对汉语教学和汉语应用国际化的需要。汉语国际教育理应不断发展其内涵，进而最终实现高校汉语国际教育的学科化，这既是应对现实挑战的需要，也是汉语国际教育发展的必然选择。

（三）深化高校汉语国际教育专业化的发展

高校汉语国际教育专业化是一个动态的过程，其最终目的在于实现汉语国际教育的学科化，使其成为一个完备的学科，有自己专门的研究领域、专属的研究内容、专门的研究人员、专门的学会团体和学术刊物。

1. 确定汉语国际教育专门的研究领域

高校汉语国际教育尽管在名称上冠以"教育"之名，但从现实来看，汉语国际教育确切地说应该算是多种汉语教学活动的总称。从层次上看，汉语国际教育有高有低，既有学历教育，也有非学历教育；既无最高的学位授予限制，也无最低的准入限制。从形式上看，汉语国际教育既有班级组织形式，也有一对一等形式。从内容上看，汉语国际教育既同语言学相关，又同教育学相挂钩，还与留学生教育相交融……汉语国际教育太复杂，还有太多的概念、术语需要规范，还有太多的内容、内涵需要达成共识，以至于我们更多地只能单纯就学术意义上给出汉语国际教育是什么和不是什么，而不是在实践中具体划分哪些内容属于或不属于汉语国际教育。事实上，在实践中的汉语国际教育的认识与划分，必须建立在理论确认的基础上。汉语国际教育是一种以海外母语非汉语者为施教对象，以汉语（文化）教学为基础的教学活动的总称。因此，可考虑将汉语国际教育的研究限制在"海外""汉语教学""母语非汉语者"三者围成的区域内。

"海外"规定了汉语国际教育受教育对象的来源，强调其对象为母语非汉语者。以此展开，汉语国际教育的受教育对象可以来自美洲、非洲、大洋洲或者欧洲等，汉语国际教育的研究就可以拓展为欧洲汉语国际教育研究、美洲汉语国际教育研究、大洋洲汉语国际教育研究等。更进一步说，在这些大洲内，还有另外层次的国家划分，因此，汉语国际教育又可以确定为英国的汉语国际研究、美国的汉语国际教育研究、澳大利亚的汉语国际教育研究等。

"汉语教学"固定了汉语国际教育的内容（或教学材料）。教的是什么？是汉语（文化）。汉语（文化）是什么？它首先是一种语言，其次还承载了一种文化，确切地说是一种以语言为基本承载体的文化。可见，汉语国际教育在教育内容上，既有语言的一面，也有文化的一面。在语言的一面，显然与语言学相关，需要从语言学教学和语言学学习的角度加以研究；在文化的一面，需要从文化学的角度来展开。

"母语非汉语者"规定了汉语国际教育的受教育对象。这个世界上有上千种语言，通用的、惯用的也有百余种。只要其是母语非汉语者，学习汉语大抵都可以归类到汉语国际教育中来。那么，汉语国际教育的研究领域就可以考虑英语母语者的汉语国际教育研究、俄语母语者的汉语国际教育研究、法语母语者的汉语国际教育研究、西班牙语母语者的汉语国际教育研究、葡萄牙语母语者的汉语国际教育研究、日语母语者的汉语国际教育研究等。若从广义的汉语国际教育展开，汉语国际教育的专业化发展，则还涉及汉语国际教育师资的培养问题。从对象上看，既有中国国籍的教师培养培训，也有非中国国籍的教师培养培训；从专业设置上看，目前与汉语国际教育相应的专业仅有对外汉语教学专业；而对未来，在对外汉语教学专业基础上，是否有可能拓展对外汉语旅游专业、对外汉语经济专业等，这些问题均有待于在实践中深化探索。

2. 确定汉语国际教育专属的研究内容

首先，汉语国际教育具有事业、教学和学科的多重属性（当然，现在汉语国际教育学科还未完全确立起来）。汉语国际教育是一种教学活动；其次，汉语国际教育还具有专业化发展、学科化发展的可能；最后，汉语国际教育还是一项国家事业。围绕这三个维度的每一"维"展开，我们都可以从中找到一些汉语国际教育的研究内容。

从"教学维"看，既然汉语国际教育是一种教学活动，其就要涉及教学的主体、教学活动的客体、教学活动的材料、教学的方法、教学的手段、教学评价等；需要研究的汉语国际教育内容就应该有汉语国际教育的主体问题、教学材料的问题、教学内容的问题、教学方法的问题、教学手段的问题、教学评价的问题等。

从"学科维"看，汉语国际教育有学科体系建设的问题、学科基本内容确定的问题、学科研究对象确定的问题、学科逻辑起点审视的问题、学科基本概念厘定的问题、学科研究方法采用的问题等。那么，汉语国际教育的研究就应该考虑什么是汉语国际教育、汉语国际教育的本质问题是什么、汉语国际教育研究应该采用什么样的方法、汉语国际教育学科研究的意义等。

从"事业维"展开，就有汉语国际教育的政治意义问题、经济意义问题、社会意义问题、文化意义问题、在国民生活体系中的地位问题、管理权限归属问题、战略选择问题、发展动向问题、政策保障问题等，围绕这些问题展开，汉语国际教育在研究内容上理应考虑研究汉语国际教育的战略定位、战略选择以及汉语国际教育的统筹归属等。

3. 加强汉语国际教育专门学术研究组织建设

一个成熟学科，往往都在大学里设立相关专业，有自己专门的学术组织、学术团体和学术刊物。

就当前实际情况看，在汉语国际教育领域虽然已经有《汉语国际推广论丛》《对外汉语教学研究》等学术刊物，但与其他学科的专门性学术刊物相比较，与汉语国际教育的地位、作用相比较却显得不足。在专门性的研究组织（学会组织）层面上，虽有中国对外汉语教学学会等组织，然而考虑到对外汉语教学在内涵和外延上与汉语国际教育的差别，专门性的汉语国际教育学术团体还不完备。在汉语国际教育专业化发展进程中，应加快建立全国汉语国际教育学会或全国汉语国际教育研究会等组织，使相对零散的汉语国际教育研究人员凝聚到一个公共的学术组织下，形成集中的汉语国际教育研究力量；针对汉语国际教育的现实、发展问题，有计划地组织实施专题研究，提高汉语国际教育理论的指导性和实践的有效性。

二、高校汉语国际教育的体系化

汉语国际教育是一个集应用型、普及化为一体的多形式汉语教学活动的总称，具有多个不同载体、多种不同的组成形式、多个不同的教学内容、多组不同的教学模式。汉语国际教育要发展，其载体需要融合，形式需要规范，内容需要确定，教学模式需要不断调整。汉语国际教育的组织及实施是一个相对独立的体系，汉语国际教育应走体系化的发展道路。

（一）高校汉语国际教育体系化的基本概念

高校汉语国际教育体系化，简单来说，就是要将其内部彼此割裂的各部分联系起来，将其内部的分散运作整合成一个相对完备的整体。

1. 体系与体系化

"体系"是一个科学术语，泛指一定范围内同类事物按照一定规律和联系组合而成的整体。所谓的"体系化"，就是使事物成为体系的过程。体系化的过程，实际上就是把割裂的、分散运作的、互不协同的组织机体的各部分重新"黏合"起来，形成强大的组织力量，以实现组织目标。体系化又可简单地分为横向体系化和纵向体系化。横向体系化是指组织同级单位之间的协同，尤其是同级部门之间的协同；纵向体系化是指上下层级之间的一致性和分工协调，这是一个平衡的问题，也就是如何在分权和集权之间平衡的问题。

2. 教育体系化及汉语国际教育体系化

联系上述对体系化的理解,我们可对教育体系化和汉语国际教育体系化做简单理解。所谓的"教育体系化"就是指将整个教育活动形成体系的过程,即某个或某类教育活动从教学对象、教学主体、教学内容、教学材料、教学方法、教学手段、教学模式、评价标准、评价程序、教学实践、课程安排、修业年限等方面形成一套前后相继的、相互促进的、完备的教育体系的过程。

在这一基础上,汉语国际教育的体系化可基本界定为:从汉语国际教育的教学对象、教学主体、教学内容(汉语识字、汉语言运用、汉语文化研究)、教学材料(汉语)、教学方法(讲授法、模仿法等)、教学手段(纸质教学法、多媒体技术手段运用、远程教学手段等)、教学模式(学校专业培养方式、实践活动培训等)、评价标准(HSK水平考试、AP考试等)、教学实践(汉语对话、汉语翻译等)以及与汉语国际教育相关的课程安排、修业年限等方面形成一套前后相继、彼此联系、相互促进的完备的教育体系的过程。

(二)高校汉语国际教育体系化的必要性

纵观汉语国际教育发展的历程,在明确的"汉语国际教育"这一提法出现之前,人们惯用对外汉语教学、来华留学生汉语教学等说法,而在汉语国际教育的概念被明确提出后,似乎所有的表述都换成了汉语国际教育,高校的对外汉语教育学院、汉语国际培训中心、留学生院一夜之间都可换成"汉语国际教育学院"或"国际汉语教育学院",而其师资队伍、办学设施乃至办学目标变化并不大。

这些事实表明,高校汉语国际教育在当前仍旧是不规范、不成体系的。不仅是名称上的不规范,还有内容上的不规范、教学方法上的不规范、概念认识和内涵理解上的不规范与不成体系。

从汉语国际教育实践看,当前的汉语国际教育仍处混杂状态,既有孔子学院(孔子课堂)所开办的汉语国际教育,也有高等学校为载体的汉语国际教育形式,还有相关培训机构的对外汉语人才培养等。在这些不同类型的汉语国际教育中,其教学内容、教学要求、教学体系、教学目标也都不相同,有的是为了汉语识字而进行汉语国际教育,有的则纯粹是听、说训练,很少涉及写;有的属于学历教育范畴,有的则属于非学历教育范畴。不仅如此,在不同国家,汉语国际教育的教学标准、学习分类、教学评价、修业水平、修业年限也都存在差别,有的采用HSK水平考试作为衡量汉语国际教育学生修业水平的衡量标准,有的则采用AP考试的形式……总体上缺乏一套完整严密、相对统一的汉语国际教育体系。

从汉语国际教育的未来发展上看,汉语国际教育的本意在于加快汉语走向世界的进程,通过中华文明的发扬和中国文化的传播,加强国际的相互理解和信任,为提升中国的文化软实力和国家综合实力贡献文化力量。但就当前来看，汉语国际教育更多地被办成是汉语识字教育，文化含量过低，甚至个别国家和地区的汉语国际教育纯粹就没有文化含量，沦为应用型的、工具型的汉语培训。笔者认为，汉语国际教育并不是单纯的是汉语识字教育，而应该是汉语（文化）教育，需要具有较高的文化定位。

综合来看，无论是汉语国际教育的理论研究，还是汉语国际教育的实践运行，乃至汉语国际教育的未来发展定位，以及当前汉语国际教育所表现出的种种问题和不足，都从不同侧面反映汉语国际教育的体系化。

（三）加强高校汉语国际教育体系化的建设

高校汉语国际教育的体系化是由制度建设、平台建设、队伍建设、教材建设等多个维度组合而成的，体系中各要素的相互协调发展至关重要。仅从教育内容因素考虑，应加强以下几方面的主要工作。

1.提升孔子学院建设效能。孔子学院是以教授汉语和传播中华文化为宗旨的非营利性公益机构，其主要职能是提供形式多样和符合用户需求的面授及远程汉语教学、培训课程，开展标准化教师培训和汉语教学能力认证，为留学生提供中国资源，支持开展当代中国研究，举办传播中国文化的活动等。故此，在当前的汉语国际推广形势下，提升孔子学院的建设效能是加强高校汉语国际教育体系化建设的当务之急。

2.大力推进汉语国际教育教材编写和发行体制创新。改革传统的对外汉语教材编写模式，广泛搜集国内外各种非母语汉语教材和读物，采取改造、消化、吸收等方式，组织中外多学科专家联合攻关，尽快编写针对性和适应性较强的多媒体网络教材；引入市场竞争机制，实行招投标制度，提高编写质量和效益；对优质教材给予奖励，打通对外汉语教材海外出版发行渠道，鼓励国内出版机构与国外知名出版公司联手开拓海外市场，建立海外教材销售网络，针对不同类型、层次的教学需要，系统设计汉语教学课程、教学计划和大纲，制作多语种的海外大、中、小学优秀教师示范教学电教课程，同时加大面向社会大众的应用型、普及型的教材开发力度。

3.加强汉语国际教育师资队伍建设。充分利用现代教育技术，开辟普及性教学和教师培养新途径。建立师资培训全球网站，开发多媒体培训课件，提供在线培训辅导，通过线上线下、境内境外相结合的方式，大幅度提升师资培训规模和质量。改进现有对外汉语专业的课程结构、教学内容和教学方法，大幅度增加汉语作为第二语言教学实践能力训练和教学实习时间，充分利用高校现有的对外汉语、外语、中文、教育等专业在校生和毕业生资源，通过短期培训和实习，使其成为合格的志愿者师资。在海外推行汉语能力考试的培训和认定，与国外相关高校联合培养海外汉语教师，增强海外师资队伍自身发展动力。重点建设若干个"国家汉语推广基地",并选择一批中学和社会机构,建立"汉语国际推广中小学师资实习实训基地"。

4. 构建全球汉语国际教育平台。采取有效措施,积极吸引国内外企业、社会机构参与汉语国际推广网站建设。整合现有汉语国际教育网络建设资源,努力建成汉语学习网、汉语国际推广广播电视网和海外汉语教学支持服务网,大范围扩展汉语节目的全球覆盖区域。开发低门槛、符合外国人思维和习惯的汉语教学、娱乐、游戏产品,以游戏、娱乐等多种不同的渠道增强汉语辐射面,拓展汉语国际教育平台。

5. 改革创新汉语考试。在高校汉语国际教育体系化建设过程中,应借鉴国外先进发达国家考试产品的推广经验和成功模式,充分利用社会中介机构和专业考试公司,积极进行汉语考试的商业策划和市场运作,使汉语水平考试的研发工作和考务工作贴近市场需求、符合现实需要。与此同时,力争对国外现有汉语考试中那些规模较大、质量较高的考试进行认证,将之纳入全球汉语考试推广服务体系中来,为海外汉语考试者提供多层次、多渠道的汉语水平认证。

加速开发海外汉语教学市场。通过美国 AP 中文项目等,形成鼓励、支持和引导国外中小学开设汉语课程的新局面;加大接收国外汉语教师来华培训规模,提升海外汉语教师的规模和质量;与国外汉语教学运营机构、语言传播运营机构联合开发适用于 AP 中文项目的网络多媒体教材,使国外开设汉语课程的学校数量和学生人数大幅度增长。

三、高校汉语国际教育的区域化

教育内外部关系规律表明,高等教育一方面要适应经济社会发展,另一方面也受社会政治、经济发展的影响和制约。高校汉语国际教育要发展,归根结底就是要做到内部协调、外部适应,注重区域化的发展。区域化有两层基本含义,一是地理区位上的区域化,二是与经济社会发展的联系过程。前者意味着某一事物形成的地理区域上的扩散,后者意味着某一事物同环境的不断融合。高校汉语国际教育的区域化,核心就在于高校汉语国际教育应不断与区域社会、政治、经济发展相适应,不断融入区域的发展中。

(一)区域化与高等教育区域化

区域化是一个与全球化相对应的概念。从全局来看,区域化是全球化的组成部分,全球化更多地表现为多个不同层次的区域化。但区域化在深度和广度上都高于全球化,没有区域化就没有全球化。从长远来看,区域化是通向全球化的阶梯,是全球化漫漫征途中的中继站。区域化与全球化是一枚硬币的两面,在本质上是相互依存、相互补充、相互制约的。

区域内部系统具体包括区域内的各主要组成要素:区域环境、区域人口、区域经济、区域政治、区域文化、区域组织等。高等教育必须为区域系统提供全方位的服务，同时，区域系统也必须为高等教育提供必要的经费支持、政策优惠与项目合作等。归根结底，高等教育区域化就是高等教育发展要融入区域经济社会发展实际，要适应区域经济社会发展的基本水平，要适度超前并引领区域经济社会发展，为区域经济社会发展提供必要的人力资源、智力支撑、文化资源和科技力量。

（二）高等学校汉语国际教育区域化的理解

在经济全球化、高等教育国际化趋势发展的时代背景下，高等教育区域化发展研究成为教育界关注的热点问题。汉语国际教育作为高等教育发展的重要组成部分，其中是否有区域化的问题以及如何推进区域化汉语教育、加快汉语国际推广的进程，是值得探索研究的现实课题，应该引起汉语国际教育工作者的重视和思考。

汉语国际教育区域化从字面上可解释为"根据不同地域的汉语学习来研究汉语、推广汉语"。也就是说，汉语国际推广要充分考虑不同区域在地域、文化、语言等方面的差异和相同之处，同时对于实施汉语国际教育推广的组织部门，需要优化结构布局，明确发展定位。按照主体指向的不同，我们可以从两个方面认识和理解汉语国际教育区域化。一是指在开展实施海外汉语国际推广事业进程中，我们应该按照不同国家、地区所处的社会教育状况、地域特点以及语言和文化的相关性来规划和实施汉语国际推广工作，适应和满足国际社会对汉语学习的要求。汉语国际教育的区域化不同于某个高校的汉语国际教育系统，而是从更高的视角来审视汉语国际推广事业的一个整体的、宏观的要求。二是指国内实施汉语国际教育的各级各类部门的区域布局走向和服务区域指向。由于国内不同区域在地域文化、语言基础、教育发展水平等方面存在一定的差异，汉语国际教育发展的内容、方式及策略等方面也都有所不同，汉语国际教育的发展呈现出区域性的特征。汉语国际教育的区域化既是汉语国际教育发展的动态过程，又是区域汉语国际教育发展到一定阶段的产物。

在汉语国际推广的过程中，汉语国际教育的本土化是一个重要问题。从加快汉语国际推广的进程开展，我们不仅要重视汉语国际教育的本土化，同时还应加强区域汉语国际教育的研究。本土化与区域化既有共性，又有差异。在积极推行汉语国际教育本土化的实践进程中，我们应该加强海外汉语师资、教材及教法的本土化建设。本土化更强调"国别化"，具有针对性、单一性的特点，而区域化强调的是一个问题的两个方面，既从施教组织的角度审视如何优化布局，明确发展定位，又从受教者的角度考虑如何选择学习方式，提高发展效能。因此，汉语国际教育区域化具有针对性、双向性的特征。从高等教育区域化发展研究启示中，我们深切感悟到，由于汉语国际教育的多样性与特殊性，汉语国际教育区域化是一项客观存在的实践活动，需要我们长期关注与探索，通过深化理论认识，指导实践效能的提高。

联系上述对高等教育区域化、汉语国际教育区域化的认识，高校汉语国际教育的区域化，一方面可以理解为地理上的区域化——高校汉语国际教育在世界地理区域上的空间分布，如美洲国家的汉语国际教育、欧洲国家的汉语国际教育、东南亚国家的汉语国际教育。还可以从施教主体和受教主体的角度来进行划分：从施教主体角度进行划分，就形成了一对多的局面，就起源构成来看，孔子学院即便是创办在一个固定的国家（地区），其招生对象也可能是来自不同的区域，或者说区域内的不同国家，如美洲地区孔子学院、东南亚国家的孔子学院；从受教主体角度来看，同样可以对海外的母语非汉语者进行区域上的分类，如来自美洲国家的母语非汉语者、来自亚洲国家的母语非汉语者、来自欧洲国家的母语非汉语者。另一方面，高校汉语国际教育的区域化，还可以从汉语国际教育与当地社会经济发展相融合和相适应的角度来理解。首先，汉语国际教育为一个地方的政治、经济、社会发展服务；其次，汉语国际教育对其所在区域内社会、政治、经济、发展的贡献。

综合来看，高校汉语国际教育的区域化：一是高等学校汉语国际教育要为所在区域内的高等教育服务，形成一定的文化影响，并服务到各级各类的其他教育中去；二是汉语国际教育还必须为高等学校所在区域内的经济发展服务，如通过汉语国际教育的促动，推动经济发展，并使区域内汉语国际教育所培养的人才能顺利地进入到区域的相关产业和相关部门服务，形成直接的经济、社会发展推动力量；三是汉语国际教育发展理应在区域内形成一种政治、经济文化的综合效益，深层推动地方的全面发展，如文化的繁荣、经济的进步等综合社会效益。

（三）高校汉语国际教育的区域性特征

高校汉语国际教育的区域性体现在教学内容、教学手段、教学模式等方面，汉语国际教育所讲授的内容、所传播的中国文化和中华文明需要不断贴近受教育者的文化背景和心理因素，汉语国际教育的教学方法、教学手段、教学组织模式也需要考虑区域的教育文化因素。

1. 教学内容的区域性

汉语的学习内容是丰富多彩的，形式也是多种多样的。就学习者的角度来看，由于不同的文化背景，其对汉语的理解，对同一个汉语教学内容的理解也可能是不一样的。汉语国际教育内容的实施具有明显的区域性特征，需要在教法上下功夫。

2. 教学手段的区域性

中国的汉语教学（针对中国人的汉语教学），其主要的教学手段就是讲授法，即采用教师讲授、学生听课的方式。而在外国，大多数人从小接受的教育，在教学方法上与中国存在明显区别。如果将中国汉语教学的一套方法不加改变地移植到国外，势必存在汉语国际教育的区域非适应性。因此，汉语国际教育的区域化，要求我们在教学手段上做相应的调整和变革，以适应区域内学习者的要求。

3. 教育模式的区域性

当前的汉语国际教育模式，一般有班级授课制、一对一教学、大课堂教学等几种模式。分班教学的模式一般针对不同年龄和不同水平的学习人群，但在有的国家和地区，分班教学组织形式也采用男女分班的方式。这种文化差异引起的教学模式问题，也是汉语国际教育区域化过程中应予以关注的。

4. 地域拓展的区域性

不同的区域采取不同的传播方式。比如，先加强海内外华人社区的语言协调，并以文化为基底与汉字文化圈结成语言同盟，再尽力向辐射圈辐射。先争取汉语作为各种国际会议（特别是在中国召开的国际会议和以华人为主体的国际会议）的会议语言的地位，再逐步争取各种国际组织以汉语作为工作语言，争取汉语在汉字文化圈和辐射圈的主要外语的地位、推动汉语进入其国民教育体系。语言传播组织可考虑以民间为主，以官方成立的有权威高效率的协调机构为辅。在汉语国际传播战略的指导下，通过各种具体操作，促进汉语尽快走向世界。这就需要汉语国际传播在地域上不断拓展，不断体现区域化特征。

（四）区域化汉语教学分析

区域化汉语教学是汉语国际教育区域化的重要组成部分，对区域化汉语教学的分析，有助于我们深化对高校汉语国际教育发展的思考，提升高校汉语国际教育区域化的实施效能。

新形势下的汉语国际教育事业的深入发展，不仅需要在教师、教材、教法方面提高效能，更需要在整体的汉语教育观念上有所创新。区域化汉语教学理念就是一种很有意义的尝试，是适时而生的产物。笔者认为，区域化汉语教学并不是一种具体的教学理论或教学方法，而是一种教学理念，涉及汉语教学的方方面面，如教学规划、课堂教学、教材编写等。区域化汉语教学字面上可以解释为"根据不同的地域划分来研究汉语教学，以有的放矢，更好地提高教学效果"。区域化包含的不仅仅是这种地理上的区域划分，还包括在社会发展的实际要求之下的区域划分。下面主要从地域维度上的区域化汉语教学、语言类型维度上的区域化汉语教学与角色导向维度上的区域化汉语教学三个方面展开探讨。

1. 地域维度上的区域化汉语教学

地域维度的区域化是区域化的自然理解。"区域"一词与"区"紧密联系，"区"原是一个地理学概念，也指行政单位。区域则是指以人为主体的社会经济活动的空间结构或地域系统。地域维度的区域化,就是地理位置方面的区域化。

区域化汉语教学包括下面两个方面:

首先是办学主体的区域化。汉语教学区域化是一种由单一主体向主体多元化趋势的转化,也就是要打破过去国家统一办学的模式,实现以国家办学为主体,地方共同办学的多元化办学模式。近年来,随着"汉语热"的不断升温,汉语教学的发展确实呈现区域化的趋势。同时,区域化还要根据各地的地域特征与办学实力进行优化组合,以点带面,形成地域特色与地域优势。

其次是教学对象的区域化。教学对象的区域化即根据汉语作为第二语言学习的需求情况,将国际上有汉语学习需要的国家或地区从地域上模块化。

我国地域辽阔、边境宽广,并与邻国保持着良好的关系。这为我国开展区域化汉语教学提供了有利的条件。目前,地域维度上的区域化汉语教学在我国已经呈现出雏形,但还不清晰,还有广阔的发展空间。例如,东南亚地区与我国西南地区的高校建立了密切的联系,东亚地区(包括俄罗斯)与我国东北地区的高校联系较为密切,呈现出区域化的良好互动趋势。

地域维度的区域化汉语教学(地域化汉语教学)的优势不仅在于互动地区在地域上的相邻性以及自然气候的适应性,还在于文化的认同。例如,东南亚地区与我国西南地区、东亚地区与我国东北地区,因地理原因与历史原因有着相近的文化与历史发展进程,这种文化的认同能够为汉语教学提供极大的便利。

除此之外,地域化汉语教学也是符合教育的非均衡发展理论的。"非均衡"是一个经济学的术语,它的原意是指不存在完善的市场、不存在敏感的价格体系的条件下所达到的均衡。经济的发展就是在非均衡状况下,通过对经济内部不断的改革与有效运作而达到相对均衡的过程。汉语教育事业的发展既受经济、政治等外部因素的影响,还受自身因素的制约,因此其发展的非均衡可能非常突出。在这方面,地域性汉语教学拥有得天独厚的机动灵活的优势,可以进行优势互补。在目前教学资源还不是很充分的情况下,区域化汉语教学能部分解决教学资源短缺的问题。

2. 语言类型维度上的区域化汉语教学

语言类型维度的区域化与地域维度的区域化有共同点也有不同点。同区域的国家或地区受语言接触的影响,在语言类型上会有密切的联系,地域维度与语言类型维度具有一致性;但二者的区别也很明显,同一地域的民族在语言上属于不同类型、不同地域的两个民族使用同一种语言或同一类型的语言的现象都是普遍存在的。语言类型维度上的区域化汉语教学,主要是把汉语学习者根据其母语类型进行区域划分,从汉语与学习者母语的语言类型关系上去明确具体的教学方法与教学措施。从语言类型维度上考虑汉语教学的具体方法，主要理由在于：在学习汉语的过程中，学习者很容易受母语迁移的影响，所以在教学中要注意有效利用母语的正迁移，而谨慎排除母语负迁移的干扰。大量的第二语言教学研究显示，母语的迁移作用确实是存在的，从语言类型角度分析汉语学习者的母语以及研究母语与汉语的类型关系、亲密程度就变得非常有必要。作为从事汉语教育工作的教学者或研究者，应充分利用现有的语言类型学研究成果，这样，汉语教学中原有的一些难点问题也就能够迎刃而解。

语言类型维度上的区域化汉语教学研究有两项重要内容：

其一，语言比较研究与类型研究。这是区域化汉语教学的基础工作。国内的语言类型研究方兴未艾，目前已有一些成果，但研究空间仍然非常大。我们这里举一个简单的例子，汉语与英语都有状语，但语序类型有别，汉语状语的常规句法位置在谓语前面，而英语状语的常规句法位置在谓语动词的后面。具体到状语类型，在语序方面也有一些有意思的规律。例如，汉语中时间状语与处所状语在谓语前同现，基本语序规律是"时间先于处所"，而英语中时间状语与处所状语在谓语后同现，基本语序规律是"处所先于时间"。因此，在汉语中，"张三昨天在华联商厦买了一件新衣服"是合格的句子，"张三在华联商厦昨天买了一件新衣服"就是不合格的句子；而在英语中，"San Zhang had bought a piece of new clothes in Hua Lian Commercial Building yesterday."是合格的句子，"San Zhang had bought a piece of new clothes yesterday in Hua Lian Commercial Building."就是不合格的句子。从这里可以看出，英语与汉语在状语语序方面存在明显差异，汉语是"状语先于谓语""时间先于处所"型语言，而英语是"谓语先于状语""处所先于时间"型语言。在对以英语为母语的汉语学习者讲解状语语序问题时，这种差异是值得重点强调的。

其二，针对某国留学生或汉语学习者的汉语学习研究。这种研究的成果可以直接指导教学。偏误研究发现，不同母语的学生学习汉语的偏误情况不一致。不同语言类型母语留学生在习得汉语动宾句式方面或多或少存在着差异。在汉语教学中，把母语类型差异的因素考虑进去，对提高教学效果有很大的帮助，同时也对汉语教师提出了更高的要求。对汉语教师而言，比较理想的状况是对授课对象的母语比较熟悉，最好是比较精通。区域化汉语教学还对办学条件提出了更高要求，需要根据留学生母语类型差异实施分班教学，而有一些学校受主客观条件（生源、师资）制约，将不同母语甚至不同汉语程度的留学生放在一起学习，教学效能难以提高。可以说，实施区域化汉语教学的路还很长。在现阶段，作为办学主体应由求"量多"向求"质高"转变，这也是区域化汉语教学过程中必须突破的难关。

3. 角色导向维度上的区域化汉语教学

所谓角色导向维度上的区域化汉语教学，指的是根据学习者学习汉语的动机、目的及汉语学习的侧重点差异进行的区域类型划分。比如，以兴趣为目的、以考试为目的、以职业汉语学习为目的等，就属于角色区域不同，相应的学习内容也不同。这种现象在区域化汉语教学研究中我们称之为"角色需求导向区域"。一般来说，在汉语学习的本科教育阶段，就会有很多区域化的分支，如商务汉语、旅游汉语、法律汉语、医用汉语等。

角色导向区域的汉语学习在总体上与基础的汉语学习还是有很多不同的，表现为语体的差异，主要体现在词汇、句式、语体风格、篇章结构等各个方面。我们可以以生活汉语和法律汉语进行对比：生活汉语在词汇上的特点就是以口语词汇为主，比较通俗，而法律汉语因其庄重性会更多地使用书面词语；在句式上，生活汉语以短句为主，这有利于交际中的信息能够被快速地理解和接收，而法律汉语则会有大量多重的限定性定语或者状语；在语体风格上，生活汉语体现随意性，而法律汉语则体现庄重性和严肃性；在篇章结构上，生活汉语有更多的自由性，可以随意转换话题中心，而法律汉语则要求有稳定性。不同时代，角色导向区域的倾向性也有差异。据某学者对外国人学习汉语情况所做的调查分析，在20世纪90年代初期，国内外学习汉语的中高年级学生的目的多是"为了了解中国"，而"以从事外交、外贸工作"为目的的合起来只占第二位。而现在，应用型的汉语学习很受欢迎，而从事与中国有关的经济活动是推动汉语学习热潮高涨的第一个原因。

近年来国内外的汉语教学机构纷纷开设商务汉语课程，学习商务汉语课程的留学生人数增长最快。也正是由于商务领域的需求激增，商务汉语的研究才逐渐热化，出现了相关的教材，其理论及教学方法的研究成果也逐渐增多。现实表明，商务汉语教材的内容大多分不同专题进行编排。

随着学生学习阶段的提高、学习目标的变化及时代的变迁，我们在实施汉语教学时，应该积极应对、适当调整，找到适当的教学区域，最大可能地实施有效教学，让学生学到实用的、符合自己需求的汉语。

（五）深化汉语国际教育区域化的研究

我国高等教育发展的战略目标是，在科学发展观的指导下，构建和谐、全面、协调发展的区域高等教育。因此，开展区域化汉语国际教育研究有着重要的现实意义和深刻的理论意义。一是有助于国家区域汉语国际教育发展政策的补充和完善。深入了解和分析把握不同区域汉语国际教育发展的现状和特点，使国家汉语国际教育区域政策更加具有针对性和可操作性，促进汉语国际推广布局结构的优化。二是有助于探索汉语国际教育区域化发展的道路。在汉语国际推广的新时期，按照科学发展观的要求，深入分析不同区域汉语国际教育的布局、规模、结构与国际社会发展汉语学习需求相适应的程度，从而确定我国汉语国际教育区域化发展的目标、任务及具体的措施。三是有助于我国汉语国际教育发展理论的丰富和效能的提高。目前，我国高等教育区域化发展研究更多的是从宏观行政管理区域化进行研究，而从微观的某一类教育的区域化研究相对比较弱，这为我们提供了广阔的理论提升与实践发展空间。

　　汉语国际推广是一项系统工程，涉及的因素是多方面的。汉语国际教育既是一项实践工作任务，也是教育发展的理论研究要求。汉语推广的实践成效必须有科学理论的指导。如何深化汉语国际教育区域化的研究，笔者认为，应该重视两个问题：一是加强国际区域汉语政策及社会需求的研究。如果我们对别国的汉语政策及社会需求缺乏了解，那就很难制订出有效的汉语国际教育实施方案。二是重视国家区域汉语学习和传播的特点研究。汉语现在大规模走向世界，对高校来说，既是难得的机遇，又将面临严峻的挑战。

　　当前，加强国外汉语学习及语言传播方式的研究，有利于增强汉语的认可度和影响力，提高汉语推广的效能，这也是汉语国际教育理论研究可待发展的方向和领域。总之，汉语国际教育事业的迅速发展，给我们学术界提出了许多新的问题，我们不能仅仅局限于一些传统问题的研究，而是必须创新思维，及时面对新的形势，开拓新的研究领域，才能在实践中有新的突破。

第二章 对外汉语教学理论基础研究

第一节 对外汉语教学理论研究的基本框架

对外汉语教学从所教内容来看是一种汉语教学，从教学对象来看是一种外语教学。作为一种语言教学，我们在预测对外汉语研究走向时，就必须把它置于国家人文社会科学研究的总体框架中考虑。

一、对外汉语教学的学科定位

对于对外汉语教学是不是一个独立的学科，以及它的归属问题，即它的上位学科究竟是什么的问题，目前还存在不同的认识。

笔者认为，对外汉语教学是否被看作一个独立的学科并不重要，重要的是找准自己的位置，明确住自己的学术方向，以便寻求准确的研究切入点，切实地进行基础研究与应用研究，使对外汉语教学的学科水平得以真正的提高。对外汉语教学是语言教学的一种，是应用语言学的一个分支学科。这已成为对外汉语教学界大多数人的共识。

目前我国已有人建议，把"语言学"列为一级学科，而语言教学是其下属学科应用语言学的重要分支学科。回顾历史，19世纪初，语言理论方面的研究与语言应用方面的研究开始分化。那时，作为应用语言学一个分支的语言教学同当时着重探讨历时问题的语言学分开。可以说，语言教学，它是应用语言学中最古老的一个分支，但语言教学成为一个独立学科还是近几十年的事，也有人说有了上百年的历史。戴维·克里斯特尔（David Crystal）所编《现代语言学词典》认为，应用语言学"主要关心的是如何应用语言学理论、方法和成果来解决其他经验领域遇到的语言问题。应用语言学发展最充分的分支是外语教学，有时这个名称似乎只指这个领域。但是近年来，出现了好几个其他应用领域，包括语言故障的语言学分析（临床语言学）、母语教育中的语言使用（教育语言学）、词典学的发展、翻译和风格学等"。这就是说，狭义的应用语言学是以语言教学为对象的应用学科。这里的语言教学，特指外语教学。我们还特别意识到，只有母语教育中的语言使用，才是

"教育语言学"范围内的事。

从事对外汉语教学,自然要对教学中的各种现象进行研究,严格来讲,这并非学科建设。作为学科的对外汉语研究,是要探讨对外汉语教学中"有可能严格体系化的那个部分"。也就是说,对外汉语研究,尤其应该探讨对外汉语教学中的一般原则、方法和规律,以建立自身的科学研究体系。

关于这门学科的内部构成,邢福义先生有很好的概述:"作为一门学科,'对外汉语教学'具有两属性、三要素。学科以汉语为主,以对外教学为用。汉语是学科的本体属性,是学科构成的第一要素。对外教学是学科的应用属性,'对外'是学科构成的第二要素,'教学'是学科构成的第三要素。两属性、三要素的相互制约,形成学科的内在机制,编织成学科的自身系统。这一学科的发展与成型,有赖于两属性、三要素的有效结合。"

为了清楚地显现对外汉语教学的"两属性、三要素",我们将其与"对中国人的外语教学"、"对中国少数民族汉语教学"和"母语教学"进行对比,察其异同,观其联系,如表 2-1 所示。

表 2-1　三种汉语教学的对比

本	汉语		外语
用	作为第二语言	对外国人	教学	对中国人
		对中国少数民族		
	作为母语	对中国人		

第一属性:汉语(本)。

第二属性:对外国人教学(用)。

第一要素:汉语。

第二要素:对外国人。

第三要素:教学。

从表 2-1 中可见,三种汉语教学的目的语均为汉语,是为共同之处,但教学对象不同。如果再加上外语教学,共四种语言教学,其共同之处则均为语言教学。四种语言教学的不同点有教学内容不同,教学对象不同,教学性质、特点不同,教学目的不同,教学环境不同,教学策略不同等。由此引发出在研究层面上就会既有共同点,更有各自的特别之处。

目前,学术界普遍认为,我国对外汉语研究状况尚不十分理想。季羡林先生认为"我国语言学界在这方面的研究和所采取的实际措施,远远不能令人满意"。有人阐释得更具体,认为我国的"对外汉语教学起步迟,理论研究和课程设计实验和师资的培训都跟不上形势发展的需要,教材教法也多半未能令人满意"。但是,无论怎么说,"对外汉语教学从 20 世纪 80 年代,特别是从 1992 年以来,逐渐进入蓬勃发展时期,'对外汉语教学'

已逐渐作为应用语言学的一个分支成为一个独立的学科",这也是不争的事实。

二、对外汉语教学研究的基本框架

经过几十年的发展,现在在对外汉语教学业内基本形成了这样一种共识:作为一门学科,对外汉语教学的理论基础是语言学(包括心理语言学、社会语言学、人类语言学)理论、心理学理论、教育学理论。从根本上说,它是一门新兴的边缘交叉学科。对外汉语研究的主要目标是要解决"怎样教"这个核心问题。而要解决这个核心问题,首先必须明确"教什么"和弄清学生"如何学"这两个基本问题。一个"核心",两个"基本",这三者的关系如图 2-1。

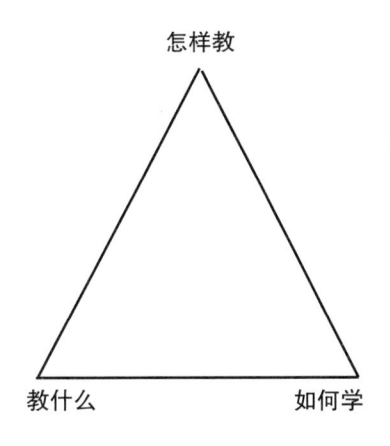

```
        怎样教
         /\
        /  \
       /    \
      /      \
     /        \
    /_____\
  教什么      如何学
```

图 2-1　一个"核心"和两个"基本"的关系

这些年来,对外汉语教学研究基本上是围绕这个三角展开的。其实,这三个方面,正好构成作为学科的对外汉语理论研究的整体框架,其内涵是作为第二语言或外语的汉语本体研究及其教学规律与学习过程研究。不过,笔者认为,研究框架的核心应是作为第二语言或外语的汉语,即服务于第二语言或外语的汉语本体研究,也就是说,"教什么"的问题才是研究的核心,而不应是"怎样教"。

之所以如此,是因为对外汉语教学既是一种汉语教学,又是一种外语教学。我们习惯上所说的"对外汉语",其含义是指作为第二语言或外语的汉语,并不同于作为母语的汉语。研究对外汉语与研究作为母语的汉语,在目的、内容、方法、手段上均有很大的差别。研究对外汉语的目的,在于让学习者掌握汉语语音与规律,了解汉语词语用法与搭配习惯,明白造句原理与句子组装规则以及正确、得体的汉语表达方法,从而养成新的语言习惯,培养学习者的汉语交际能力。在内容上,要求既要阐明汉语与其他语言的共通之处,更要揭示汉语所独具的特点,特别应点明学习者在学习过程中可能遇到的难点。在研究方法上多用语言对比分析、教育测量与统计等方法。这种作为第二语言或外语的汉语研究,体现了本学科的研究特点，是学科基础理论研究的重要组成部分，是"本"。

基于这种认识，我们把"教什么""如何学""怎样教"三者关系重新调整，得到图2-2。

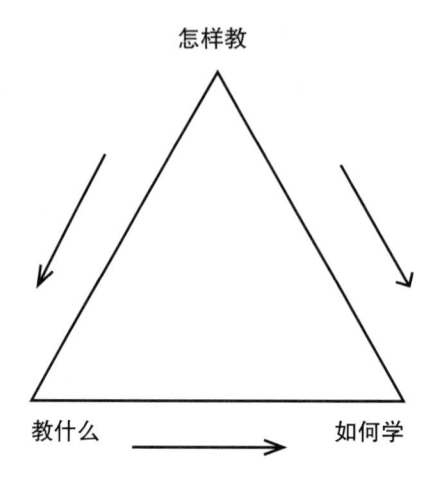

```
              怎样教
               /\
              /  \
             /    \
            ↓      ↓
         教什么 ——→ 如何学
```

图 2-2　"教什么""如何学""怎样教"三者关系的调整

先要研究"教什么"，即把"对外汉语"教给第二语言学习者，教学内容研究透了，知其所以然，学生据此学，教师依此教。在"学"和"教"这对矛盾中，只有基本弄清了学生习得过程、习得顺序、习得规律、习得策略之后，才能真正谈得上有针对性地实施教学。否则，"怎样教"的研究就会欠缺依据，底气不足，依然摆脱不掉经验之谈的毛病。当然，我们也充分肯定个人教学经验的积累与多年形成的习惯做法的价值，但应付诸多具有一定规模的教学实验，反复验证，使之升华，成为理论，这也不失为一种研究路子。

学术界持有类似观点者，亦不乏其人。陆俭明先生在论及对外汉语研究时，就提出了四个步骤的观点："研究工作应紧紧围绕'怎样在尽可能短的时间里让外国学生尽快学好汉语'这么一个问题。首先需做基础研究。其次需加强汉外对比研究和外国学生偏误分析研究，以便尽可能有针对性地进行对外汉语教学。再次，在上述研究的基础上编出各种门类的高质量教材。最后要进一步研究、改进教学法。"其实，这首先研究的就是"教什么"，其次研究的就是"如何学"，再次与最后研究的才是"怎样教"，条理分明，步骤不紊。

我们有必要在总结我国对外汉语研究的基础上，权衡利弊得失，认真思考并加强对外汉语研究，真正地把它作为一个学科来建设。为此，笔者认为应开辟多视角的研究路向。综观全局，对外汉语研究既然定位于应用语言学研究范畴之内，那么，它应该是语言学、心理学、教育学、计算语言学和现代教育技术的交叉地带，这样看来，理应有四个层面的研究：

第一层面——本体论：从事汉语本体研究，其理论基础为语言学。

第二层面——认识论：从事汉语习得与认识研究，其理论基础是心理学。

第三层面——方法论：从事教学理论与方法研究，其理论基础是教育学。

第四层面——工具论：从事现代科技手段如何应用于教学与学习的研究，其理论基础为计算语言学和现代教育技术。

笔者认为应走出单向研究模式，走向四个层面研究相结合的系统研究格局，研究思路与研究视野应有开拓性、原创性。于是，我们把对外汉语研究看成一个系统工程，如表2-2。

表 2-2　对外汉语系统研究

	理论基础	研究内容	研究目的
对外汉语研究	语言学	本体论：汉语本体研究	教什么
	心理学	认识论：汉语习得与认识研究	如何学
	教育学	方法论：教学理论与方法研究	怎样教
	计算机语言学和现代教育技术	工具论：现代科技手段在教学与学习中的应用研究	用什么技术手段

作为一个系统工程，各领域之间应该是相通的，而不应该是封闭的。17世纪中国杰出的科学家徐光启早就有言："欲求超胜，必先会通。"对外汉语研究应当是一种会通的研究。

三、对外汉语研究项目

1. 作为第二语言或外语的汉语研究

对外汉语教学不同于语文教学。研究作为第二语言或外语的汉语，自然不同于研究作为母语的汉语。笔者认为，研究服务于对外汉语教学的汉语问题，也就是研究"教什么"的问题，还要涉及以下几个相关方面：教谁，教什么，教多少，何时教，如何教等。

第二语言学习者在学习第二语言时，严格来说，并非重新习得一种语言，而是培养新的语言习惯，扩大言语行为手段，在熟悉自己母语的情况下，也就是说，在已掌握一套语言规律之外，再学习一种可以替代的规则。我们的第二语言学习者的其他知识与技能正日趋完善，尤其是成年人的身心已经成熟，他们善于类推，故而难免把已知的语言规则的某些部分用于学习之中。所以我们说，教师不是教他们习得语言，而是教授某种新的语言表现形式，培养新的语言习惯。"教什么"是汉语本体研究的中心，应该特别注意研究"彼无我有"或"彼有我无"的语言现象。比如，汉语虽缺乏严格意义的形态标志和形态变化，但是汉语在表达其他语言中的形态范畴时却有自己特殊的表达方式。汉语中有一些特殊句式，如"把"字句；有一些特殊的句法成分，如补语；有一些特殊的词法形式，如重叠；有一些特殊的词类，如助词、量词等。再加上汉语表达注重意念关系，语法自由灵活，表达方式变化多样。这些既是学生学习的难点，也是我们研究的重点。

"教多少"是个"量"的问题，比如对汉语语法，我们就有取与舍、详与略之分，这个问题需要在与学习者的母语进行语言对比研究的基础之上权衡斟酌之后方可定夺。"何时教"是根据语言点的难易度排列教学顺序的问题。至于"怎样教"，那可真是"教无定法"，因时、因人、因目的不同而各异，归纳法、演绎法、解释法、操练法……方法各异。

总之，我们应该充分认识研究"对外汉语"的价值，对外汉语教学的前辈学者林焘先生说："在对外汉语教学中有许多问题可待深入的科研来解决，其中有一些可能成为汉语研究的新突破点。""对外汉语教学是一门综合性很强的新学科，必须从不同的角度进行多方位的研究，这不仅仅是为了提高对外汉语教学水平，更重要的是能够促进中国语言学的发展，提高中国语言学的研究水平。"

这个层面似有以下课题应该研究：

①近年来国内外汉语研究成果整理与综述；

②对外汉语教学语音、词汇、语法与汉字大纲之修订研究；

③对外汉语教学参考语法研究（外国人用汉语语法手册，对外汉语教学语法体系研究，对外汉语教学语法项目及其教学顺序研究）；

④汉语韵律特征研究与外国人洋腔洋调之克服；

⑤外国人学习汉语词汇状况的国别调查与汉语词汇研究；

⑥基于大规模北京口语调查材料的汉语口语研究；

⑦汉语篇章结构特点与汉语书面语交际能力研究；

⑧汉字结构特点与外国人学习汉字研究；

⑨基于外国人中介语语料库的汉语句法语义研究；

⑩汉语语言类型学与对外汉语教学中的语言类型研究。

2. 汉语习得与认知研究

学习理论与学习规律的研究，属第二语言习得研究领域，具有跨学科研究的特点。它已迈出传统语言学的范畴，而广泛地借鉴了许多其他相关学科，如心理学、社会学、人类学等学科的研究方法与成果。

这个方面的研究将涉及汉语与外语的对比分析、外国人学习汉语的偏误分析、外国人学习汉语中介语系统研究，特别是从第二语言习得的角度多做思考。它包括三方面的内容：一是对学习者语言的研究，即按照一定的有关学习者言语行为的理论原则，来描述学习者的语言，这是对语言学习本身的研究。二是要探讨学习者普遍性的认知规律与习得方式，包括语音、词汇、语法、语篇的习得。三是从学习者的外部因素（比如社会因素）、学习者的内部因素（比如影响学习者的心理因素）以及学习者的个体差异（比如自身的生理、情感、学习动机、认知特点和学习策略）三个侧面对学习者进行研究。研究的基本出发点是教师的"教"必须以学生的"学"为前提与依据。

这个层面似有如下课题应该研究：

（1）汉语习得研究

①外国学生汉语语音、词汇、语法习得过程研究；

②外国学生（不同国别）汉语句式习得顺序与习得过程研究；

③外国学生汉语虚词的习得过程研究；

④外国学生阅读能力结构及学习过程研究；

⑤不同母语学生汉字、汉语词汇认知加工及学习研究；

⑥不同文化背景的外国学生汉语学习策略的发展研究；

⑦外国学生母语的语言形态因素对外国人汉语学习之影响；

⑧汉语句子的理解和语篇的理解过程研究；

⑨国外第二语言习得研究综述。

（2）汉语认知研究

①外国学生汉字认知过程研究；

②外国学生语音、词汇、句法认知加工过程研究；

③汉语篇章阅读与写作过程研究；

④汉语的元语言意识（包括语音意识、句法意识、词法意识和正字法意识等）对汉语学习的影响；

⑤欧美学生汉语语法的认知与学习专题研究；

⑥日韩学生汉语学习与认知研究。

（3）汉语学习者的个体差异研究

①不同国家学生汉语学习动机调查与分析；

②不同国家学生汉语学习策略使用及其与学习效果之间的关系研究；

③不同母语及不同文化背景学生认知方式（学习方式）研究；

④不同国家留学生汉语学习过程中的焦虑感研究；

⑤不同母语学习者汉语学习能力倾向测验研究；

⑥课堂教学与个别教学汉语学习效果对比分析；

⑦不同学习环境对汉语学习之影响研究。

3. 教学理论与教学方法研究

这个层面的研究将涉及课程与教学论、教材编写理论与实践、教学大纲的设计与制作、语言测试、对外汉语教师在职培训等诸多方面，这是一个"怎样教"的问题，这个问题一直是对外汉语教学界研究的重点。近年来，围绕对外汉语教学的"四大环节"研究，涌现了一大批科研成果，对教学原则、教学法路子、形形色色的教法，乃至各种各样的教材和教学技巧，讨论相当激烈，成果颇丰。这都充实并完善了对外汉语教学学科建设。

这个层面可做以下课题研究：

① 50 年来对外汉语教学理论与教学方法研究综述；

②面向 WTO 的对外汉语教学设计与实验研究；

③对外汉语教学模式改革与创新研究；

④适应 21 世纪的对外汉语教学课程体系与教材研究；

⑤对外汉语教材的评估体系与创新体系研究；

⑥关于如何提高对外汉语教学质量与教学效率的研究；

⑦体现汉语自身特点的汉语教学理论研究；

⑧以培养语言能力为导向的对外汉语教学体系研究；

⑨对外汉语教师业务素质及教师在职培训研究；

⑩汉语水平考试题库建设与自适应考试研究；

⑪汉语水平考试词汇与汉字大纲的制定研究。

4. 现代科技手段在对外汉语教学与研究中的应用研究

语言信息处理是一种手段，它的研究和开发工作，可以从以下三方面为对外汉语教学与对外汉语研究服务：一是以规则或统计数据的形式揭示汉语的规律，支持对外汉语研究；二是为对外汉语教学与研究提供语发库和软件工具；三是开发计算机辅助对外汉语教学的素材库、课件及其他软件。

这个层面可做如下课题研究：

①多媒体对外汉语教材的研制与多媒体对外汉语教学手段研究；

②网络对外汉语教材的开发与网络对外汉语教学研究；

③对已建成的语料库进行深加工研究，如中介语语料库的语法标注与检索；

④利用现代高科技手段对对外汉语教学的字、词、语法等大纲进行修订研究；

⑤各种类型的汉语课堂教学多媒体素材库建设研究；

⑥计算机辅助条件下的语言认知加工过程研究；

⑦多媒体条件下的汉语字、词识别和阅读理解过程研究；

⑧外国留学生书面表达过程自动查错系统研究。

以上四个层面的研究项目均为举例性质，挂一漏万，仅供研究者参考。但对外汉语研究如能兼顾上述四个层面，对完备学科建设，定不无益处。

第二节　第二语言能力结构研究

北京语言学院汉语水平考试中心在向海外推行汉语水平考试时，经常会遇到一些汉语教师问到这样的问题：获取 HSK 各级证书的考生，其汉语能力分别相当于哪级水平的以汉语为母语者？遗憾的是，我们以往并没有做过这方面的比较，因为从实证的角度看，这一类的研究至少不是单靠 HSK 这一类测量手段所能完成的。在一般的意义上，作为一种语言能力的测量工具，HSK 的外部效度不可能伸张得那么大。

然而，这些教师所提出的问题还是引起了笔者很大的兴趣，因为它使人不由得想到第二语言习得和语言测试研究领域近年来十分关注的关于第二语言能力的结构问题。笔者的考虑是：如果我们变换一个角度，不是从语言测试的效度出发，而是把 HSK 作为一种语言能力比较的手段，那么我们是否有可能回答上面提到的问题？当然语言能力的比较，不只是在以汉语为第二语言学习者和以汉语为母语者之间进行的，第二语言学习者中因母语背景等差异而形成的不同的群体之间都有一个比较的问题。然而，先要解决的是我们比较些什么？这就是语言能力结构研究要回答的问题。

一、语言能力结构——语言能力研究的基本框架

关于语言能力的比较和研究，至少有两种方法：一是对学习者某一学习阶段的语言能力状况进行共时的、横向的研究；二是对语言能力的形成过程进行历时的、纵向的研究。语言能力结构方面的研究属于前者。

国外语言学领域对语言能力的研究始于乔姆斯基（Chomsky）。乔姆斯基假设儿童生而具有一种适于语言习得的装置。通过这种装置，普遍语法得以内化，并成为构成理解和产生语言的"语言学能力"（Linguistic Competence）的基础。这种语言学能力具有不依赖具体的语言环境而存在的普遍性，所以儿童能够在任何语言环境下习得任何语言。乔姆斯基试图在剥离语言习得过程中社会文化因素作用的高度纯净的条件下，通过演绎的手段研究最抽象的语言能力。遗憾的是，这种理想化的假设至今没能为建立语言教学和语言测试关于语言能力的理论模型提供任何实际的帮助。

在批判乔姆斯基理论的基础上，海姆斯（Hymes）首次提出了"交际能力"的概念。在他看来，交际能力（无论是语言的或是其他形式的交际）主要包括两方面的内容：语法性和可接受性。语法性即合乎语法规则；可接受性指在文化上是可行的，在一定的情景中是得体的，并实现了交际的目的。然而，海姆斯并没有指出语言能力到底是什么，没有提出一套研

究和描述语言能力结构的模型或理论框架。他的交际能力的概念只是语言的学习者和使用者为了达到交际目的必须做出的判断,对于语言教学或语言测试而言,也仅仅是有效的语言交际行为的一部分特征和通过这种语言行为观察推断交际能力需要参照的基本范畴。

我们发现,支配着现代语言教学与语言测试理论的主要有两种不同的概念:一种是对语言能力的标准或一般化定义的概念;另一种是对语言能力的多变定义的概念。标准定义的概念来源于把语言能力看作是单一的能力,甚至仅仅包含语法能力的观点。这方面的代表是奥勒(Oller)的"单一能力假设"(Unitary Competence Hypothesis)理论。这种概念现在已经扩展到包括交际能力的所有组成部分。多变定义的概念在开发特殊目的英语课程的早期阶段开始受到重视。它主张语言教学和语言测试要重视学生的学习目的和个人特征的多变性,对语言能力的定义要考虑交际能力的各个组成部分。这说明随着研究的进展,人们更倾向于认为"语言能力不是一种单一的能力,而是由几个既有区别又有联系的能力构成的"。于是,对这种多元互动的语言能力结构赋予理论上的定义,便成为语言教学和语言测试领域的一大课题。这方面卡纳尔(Canale)和巴克曼(Bachman)的理论产生了重要的影响。

卡纳尔把语言能力归纳为四个方面的知识和技能,包括:①语法能力(能够掌握语言代码);②社会语言学能力(言语能够在意义和形式上都具有得体性);③成段话语能力(能够在口头或书面的成段表达中协调语法形式与意义,把二者有机地结合起来);④策略能力(能够运用语言的和非语言的交际策略对交际中断进行补救,更有效地完成交际行为)。

因为缺少对这四方面能力之间互动关系的描述,卡纳尔的这个框架显然还不能成为一个理论模型。巴克曼在卡纳尔理论框架的基础上进行了概括、重组和补充等,提出了由语言能力、策略能力和心理生理机制三个部分构成的交际性语言能力(Communicative Language Ability)模型。图 2-3 就是对这一模型的直观描述。

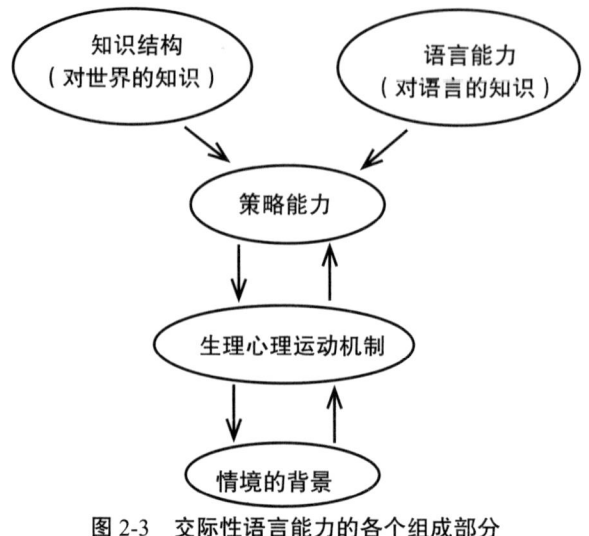

图 2-3 交际性语言能力的各个组成部分

由这个模型不难看出，巴克曼特别强调交际性语言能力的各个部分之间和它们与语用环境及语言使用者的知识结构之间的相互作用。

在巴克曼的理论框架中，人类通过语言进行交际时所运用的一组特定的知识按照各自的性质、地位、作用和相互关系构成了交际性语言能力模型中的语言能力部分。语言组织能力是指创造或识别语法正确的语句，理解这些语句所提出的内容，并将它们按一定的次序连接起来以构成口头或书面的成段话语的能力。简而言之，组织能力即对语言交际中的语言符号进行组织并使其与所指按一定方式结合起来的能力。其中概括了卡纳尔的框架中所有语言形式方面的要素。可见语言能力所概括的主要是语言的意义、功能和环境方面的要素以及这些要素之间最基本的两种关系：言语的意义和功能与语言使用者想要通过言语表达的意义和功能的关系；言语的得体性与决定这种得体性的语用环境的特征的关系。巴克曼还特别强调，语言能力的任何要素都不能独立于其他要素而存在，这些要素之间以及它们与语用环境的互动作用正是交际性语言运用的主要特征。

为了说明交际性语言能力内部的这种相互作用，巴克曼又提出了一个语用模型。在这个模型中，策略能力主要包括三个部分：对情景进行评估，通过重现语言能力中的有关项目来构成语言交际计划，以及通过某种心理或生理过程以执行交际计划。可以说，策略能力是那种将语言能力与语言使用者的知识结构及交际环境的特征贯穿起来的心理能力。它的作用主要是调动交际性语言能力的各个要素，连接它们并使它们发生互动从而更有效地进行交际。因此，可以认为策略能力属于一般认知能力范畴。由这一点来看，巴克曼的理论框架实际上同时借鉴了一般化语言能力定义和多变语言能力定义的合理成分。巴克曼的模型还有一点值得注意，即通常所说的听、说、读、写四项基本技能作为心理和生理过程并非语言活动所独有，所以没有笼统地归入语言能力部分，而是依其性质归入语言的心理生理机制。心理生理机制的作用主要是通过神经传导和神经肌肉的交互作用，为交际性语言能力各个层次的要素有效地参与交际计划提供适于交际目的和交际环境的途径（视觉或听觉）与方式（接受或表达），并最终将语言能力表现为语言行为。

交际性语言能力模型的优点是十分明显的：第一，在交际性语言能力所涉及的语言的形式与内容方面，巴克曼的定义充分借鉴了语言学、心理语言学和社会语言学的最新成果。这种定义不是把语言能力当作一个个孤立成分的简单拼合，而是把它们看作相互联系相互作用的有机体。这个模型同时也充分发挥了作为这种相互作用的认知基础的策略能力的作用。因此，这个模型在理论上是迄今最完备、最少片面性的。第二，这个模型对语言能力部分的描述是建立在实证研究基础上的。第三，这个模型初步描绘了语言能力与语言行为的关系。在图2-3中，我们可以看到各种不同层次的知识和能力是如何借助心理生理运动机制转化为技能并最终表现为言语的。

作为一个对语言能力结构的横向剖面分析，巴克曼的模型无论对于语言教学还是语言测试研究都具有实际的参考和应用价值。当然，这个模型也有一些自身的局限性。最主要的是，尽管它揭示了语言能力结构内部各种成分之间、这些成分与语言学习者的整个知识体系以及外部环境之间的动态联系，但它并未注意到，或者是有意忽略了一个事实，即第二语言能力在其发展的任何一个阶段的静态的、多维的、共识的能力结构状况（各个组成部分在总体中的地位、作用等）只是另一种动态的或历时的发展过程的中间状态，而且是无数这种中间状态的结果和出发点。在这种发展过程的各个点上，这种中间状态或语言能力结构内部的各种成分之间、这些成分与语言学习者的整个知识体系以及外部环境之间的关系都会有比例上甚至是质上的变化和差别。这种局限当然也是语言能力结构方面研究的一个通病。所以，语言能力结构方面的研究尽管有其课题自身的方向、重点和优势，但要使我们的研究更接近于发现语言能力的本质，就需要对研究对象进行更全面、立体、纵深的观察和概括。

在笔者看来，我们可以仍然以语言能力结构研究的最新成果作为基本框架，同时我们需要一种能够使我们对语言能力结构内外各种关系的变化发展进行描述、概括和预测的手段，从而为语言能力结构的研究提供各个发展水平上的必要参考。第二语言习得研究中中介语研究近年来所取得的成果，它的基本理论及研究方法，恰好为我们提供了这样一个新的视角和操作手段。

二、中介语连续体——语言能力结构研究的新视角

中介语连续体的研究属于对语言能力的形成过程进行历时的、纵向的研究。"中介语"这一术语是由塞林格（Selinker）首次提出的。它指的是在第二语言习得过程中，学习者通过一定的学习策略，在目的语输入的基础上所形成的一种既不同于第一语言也不同于目的语，随着学习的进展向目的语逐渐过渡的动态的语言系统。无论从语言学、社会语言学还是心理语言学的意义上说，这种语言都独立于学习者的第一语言和目的语。根据埃利斯（Rod Ellis）以及其他一些学者的观点，中介语实际包含了两个相互联系而又相互区别的概念。第一，中介语反映了语言学习者在其语言发展的任一阶段所建立的静态的结构系统。第二，中介语反映了那种随着学习的进展，作为语言习得重要特征的动态的、渐进的、成系列的连锁系统，正是这种连锁系统构成了科德（Corder）称之为语言学习者的"固有大纲"（Builtin Syllabus）的"中介语连续体"。

中介语理论起初把中介语连续体看作一个从第二语言学习者的母语延展到目的语的"重构"连续体。按照这种看法，所谓重构，就是学习者逐步以目的语的部件替代其母语的部分。

塞林格则认为，第二语言学习很可能以两种不同的方式进行。一种需要利用与母语习得同样的心理机制；另一种则很可能需要利用某种替代物，即人类负责语言习得以外的其他种类学习的心理机制。由于这种替代机制的作用，第二语言习得表现为一种"创生过程"（Creative Construction）。而中介语的实质是一种"再生连续体"（Recreation Continuum）。按照这种观点，中介语连续体的生成和发展是一个中介语知识逐渐复杂化的过程，即一种通过不断引入新的规则以改进、转换和扩大已建立的过渡系统的渐进过程。在这个过程中，第二语言学习者以一种非常类似于儿童习得母语的方式逐步创造出一套中介语的规则系统。

在有关中介语连续体的性质的观点由"重构"向"再生"转变的过程中，国外一些学者试图进一步论证第二语言学习遵循着一条"自然发展的道路"，并为此进行了一系列着眼于学习者语言行为的实证研究，其成果在促成上述转变方面起到了重要作用。这些学者的研究提出了以下问题：①是不是所有的第二语言学习者都遵循着同一条发展道路，即中介语连续体是否带有普遍性？②如果这种中介语连续体在学习者个体之间存在差异，其主要表现是什么？根源在哪里？③既然第二语言学习和母语习得同样被视为创造性的发现过程，它们在多大程度上具有共同性？

在横向研究方面，杜雷（Dulay）和伯特（Burt）等学者在20世纪70年代进行了一系列语素分析方面的研究。这些研究有一个共同假设，即第二语言学习遵循着一种不变的规则。表面看来，他们的研究结果似乎表明，尽管被试者的母语背景、年龄等个人特征不同，但所有的第二语言学习者似乎都以一种非常相似的方式发展他们的中介语连续体，因为各种语法功能项目的习得次序大体是一致的。他们认为这种现象证实了"固有大纲"的存在。同时他们也发现，第二语言学习者的习得次序不同于以往第一语言习得研究中发现的儿童习得语素的次序，而这一现象很可能归因于上面提到的第二语言学习与母语习得的心理机制不同。

对通过自然发展的道路再生成中介语连续体的理论，最有力的支持来自纵向研究学者所提供的大量实证性依据。与横向研究相比较，这些研究的一个显著优点在于其数据取自习得过程中的不同时间，因而能够提供对这一过程更为可靠的描述。埃利斯认为，这种中介语连续体在其发展的各个阶段都有着既不同于母语也不同于目的语的结构方面的特征。尽管学习者的母语有所不同，但有证据表明他们习得语法分支系统的过程具有很大的相似性，这对说明中介语连续体的再生有其自然的发展程序的观点无疑是有利的。然而，中介语连续体不仅具有一定的普遍意义，还因学习者母语及学习偏好等个体差异表现出个体发展的某些特殊性。埃利斯在这里使用了两个相互区别的概念：习得程序(Sequence of Acquisition)和习得次序(Order of Acquisition)，并进一步解释说，习得程序指的是中介语连续体的全部创生过程及这种过程的产物。每一个第二语言学习者都要经过若干个过渡性、发展性的阶段，所有语法项目的学习都有一个基本程序。这一点具有普遍性。然而，在中介语自然发展的程序内部，习得次序又具有某种灵活性和不确定性，亦即每一个具体的语法项目何时习得，或是否在某一特定的时间习得因人而异。研究同时也证明，习得程序的普遍性和习得次序的特殊性不仅适用于第二语言学习，也适用于母语习得。这是迄今能够确认的两者之间唯一的共同性。

中介语连续体方面的研究发展到现在已经有20多年了，但有关第二语言与母语是否有着相同的习得过程的讨论仍然很难形成共识。同时这种研究也显现出其理论与方法上的一些局限。简而言之，在这种研究中，语言习得实际上还仅仅被理解为获得某种语言学意义上的能力，因而对语言能力结构系统的研究主要还局限于语法领域，横向研究更是仅限于单个或少数几个语法项目。这样中介语的研究就把自己局限在一个历时的单维的过程中，而没有注意或是有意忽略了一个事实（而有关这一事实的理论和研究本应成为中介语连续体研究的基础），即语言能力首先是一种共时的、多维的体系，这个体系的发展实质就在于其内部结构不断发生的比例上甚至是质上的变化。因此中介语研究的深入有待于纠正这种思想方法的片面性，而纠正这种片面性首先就要回答语言能力结构这样一个基本的问题。笔者认为，语言能力研究必须以对其结构和动态发展的综合考虑为基础。只有这样，我们才有可能在语言教学和语言测试工作以及这些领域的相关研究中对中介语能力的本质认识得更自觉、更全面、更有深度，也更具预见性。

三、交际能力训练模式探索

第二语言教学的目的是培养学习者运用目的语进行交际的能力，而不只是让学习者掌握目的语的语言知识和一定的听说读写技能，这个根本性的问题现在已经成为大多数第二语言教师的共识。

掌握语言交际能力是社会现实对第二语言人才的要求，为了掌握语言交际能力，当然又必须掌握一定的语言知识和语言技能。但我们不能指望学生掌握了一定的语言知识和语言技能之后，走出课堂就能在社会交际中自动形成交际能力。交际能力是需要经专门的培养和训练才能达到的。因此，在第二语言教学中，语言交际既是目的又是手段。教师应当努力设法把交际引入课堂。

第二语言的习得过程一般可用图2-4来表示：

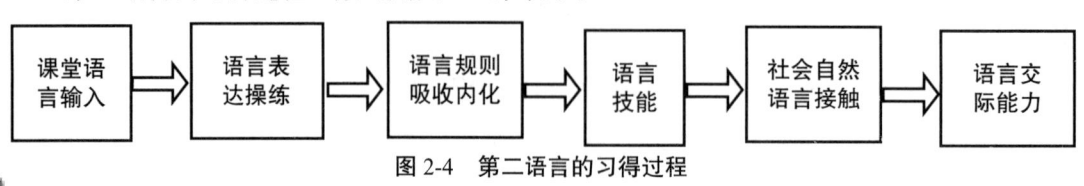

课堂语言输入 → 语言表达操练 → 语言规则吸收内化 → 语言技能 → 社会自然语言接触 → 语言交际能力

图2-4　第二语言的习得过程

第二语言教学的最终目的是培养学习者的语言交际能力，我们可以从改进教学的每个环节入手，更有效地达到这一目标。

先是课堂语言输入。语言能力的发展始于语言输入，输入应是可理解的，输入不足或不能被学习者内化就无法达到习得语言的目的。课堂上的教学输入应保证充足、可懂、易接受，难度以略微超过学习者的现有水平为宜，即符合克拉申（Krashen）提出的i+1原则。语料的选择应以真实的、贴近现实生活的为主，我们反对那种为适应语法点安排而人为编造的、斧凿痕迹很重的、不自然的句子，要尽量避免"教科书语言"。当然，输入的形式可以是交际性的，也可以是非交际性的。例如，精读课文可能是叙述一个故事或评论一种现象，这是非交际性的；也可能是一段对话或讨论，这是交际性的。又如听力课文，可能是一段新闻或一段评论，这是非交际性的；也可能是一段访谈或一段问答，这是交际性的。我们并不要求每一课的课文都是交际性的，但要保证每课都有一定量的交际性内容或话题，以便展开交际的训练。有的教师还进一步提出了"话题的优选"，认为"话题的优选不仅可以典型地概括现实交际生活，还满足了学生的需求"。我们可以把话题按实用程度分为最常用（有关日常生活、学习、社交活动）、常用和次常用的话题。语言的输入要考虑学生交际活动时间和空间的发展顺序，兼顾语法点的合理安排以确定话题的编排顺序。

在"语言表达操练"这一环节中，词语的朗读、句型的替换、课文内容的问答和复述等机械性、模仿性的操练是不可或缺的，它有助于强化记忆。特别是对于初级阶段的外国学生，没有大量的、反复的、机械性的练习，就无法排除母语对目的语的干扰，无法掌握汉语的语言系统和交际模式。但我们也必须看到这种机械模仿练习的局限，它使学生完全处于被动的地位，束缚了他们的想象力和创造性发挥，学生做这种练习时不需要考虑语言环境、文化习俗和交际功能。他们学会的可能是正确的但却是孤立的句子，很难在实际交际中恰当地运用。长期做这种机械性、模仿性训练也容易使学生在语言学习上养成惰性思维方式。教学中常常对所谓"重要的"或困难的结构形式过分强调并进行大量的操练，还可能导致学生在交际中不分场合过度使用某些句式，产生另一种形式的偏误。

笔者认为当学生基本上掌握了句子结构和课文内容以后，机械性的训练就必须转入到交际性的训练方面。从前述第二语言的习得流程示意图中，我们可以看出学生话语交际能力的最终实现是在与社会自然语言接触之后形成的，也就是说基本上是在课堂教学之后完成的。这即使不能说是课堂教学的失败，至少也是课堂教学的不足。现在我们提出把真实的交际和接近真实的交际引入课堂，目的就是要求在课堂教学中训练和培养学生的话语交际技能。作为第二语言教师，我们应当清醒地认识到，我们一切教学的终极目标是培养学生的言语交际能力，我们提倡突出以目标为导向的语言课堂教学，教学目标应当指导我们对教学内容和教学方法的选择。当然，学习者在第二语言学习的各个阶段，都会有社会自然语言的输入和社会交际的实践，但是这种语言接触由于缺乏指导效果一般并不明显。

既然语言教学培养的是目的语的言语能力和言语交际能力，所以具有决定意义的不是语言理论知识和交际理论知识，而是自动化的言语熟巧。"而培养熟巧的心理活动规律又证明，任何熟巧在培养时，如果一个人意识并理解到为什么他要做这个或那个动作以及怎样去做它们的话，那么熟巧的形成也就更快、更容易，熟巧一旦形成，保留得也更持久。"所以，言语交际的训练应当成为师生双方的自觉行为。

课堂上言语交际能力的训练大致可以分为三类：模拟交际、接近真实的交际和真实的交际。下面我们分别讨论这三种训练的一些具体做法：

（1）模拟交际的言语能力训练方式很多，最常见的是围绕课文或所学内容进行的问答对话。由于问题的答案多半是限定的或双方共知的，而且师生双方均意识到他们正在做的是某种程式的语言操练，而不是交流信息，因此这种交际活动属于非真实的交际。如下面这段问答：

教师（拿着一个闹钟）：这是什么？

学生：钟。

教师（把钟递给学生A）：这是哪国生产的？

学生A（看见钟背面写着Made in China）：这是中国生产的。

教师（指着闹钟上的时刻，问学生B）：现在几点？

学生B：11点20分。

教师：对。（拨动闹钟后，问学生C）现在几点？

学生C：3点10分。

对学生来说，对话中尽管包含一定的未知信息，但对教师来说，却是明知故问，因此仍然属于非真实的交际。这种带有交际性质的课堂训练是很有必要的，一方面能巩固所学的语言知识，另一方面能初步开展交际能力的训练。除了"6W"查询式问答（询问发生的事件、人物、时间、地点、方式、原因等）外，还有改变表述方式（比如把叙述体改为对话体）、分角色表演、限词编对话、编故事、故事接龙、续写句子、比较两幅近似图画的不同之处、词语替换、词语联想、设置情境的会话练习以及语言游戏等形式，均属于模拟交际，目的在于培养学生的交际能力。

（2）比模拟交际更进一步的是接近真实的交际。在这种交际中，双方感兴趣的是交流看法、获取信息，通常对方的回答是不可预知的。普拉胡（Prabhu）认为，比较难以预测的信息更具有交际意义。这种交际的基础是建立在信息差（information gap）之上的，要把比较真实的交际引入课堂，关键在于说话人要告诉听话人他所不知道的信息。如果信息是共知的，那么交际是人为的、做作的、非真实的，不容易引起学生参与的兴趣。教师可以在课堂上通过设置"信息差"来创造接近真实的交际。例如，运用"提示猜词"这个教学技巧时，先让坐在第一、三、五等单数排的学生转身向后坐，相对的两人为一组。这时教师在黑板上写下若干词语，要求面向黑板的人，不能直接说出这些词，而用侧面提示的办法使背朝黑板的人猜出来。老师最后可以评价一下大家的"提示语"。这就是运用信息差设计的技巧。掌握了这一原理，我们还可以设计出很多类似的活动。比如给单双行学生发不同内容的资料，让他们通过问答了解对方的资料内容；也可以让单行的学生走到教室外边去阅读一个故事，留在教室里双行的学生听一段录音，然后让外边的学生进来，看谁能用最少的提问把对方掌握的信息弄清楚。

除此之外，还可以做"相片描述"（每人交一张人物照片，放在讲桌上，叫一个学生抽取一张进行描述，直到照片的主人认定为止；或者叫相片主人坐在座位上描述，让另一位学生在讲台上众多的相片中找到所描述的那张），"形象刻画"（每人书面描述一位老师或同学，不能写出其姓名，然后读给大家听，看大家能否猜出他所刻画的对象），以及"录像片段描绘""听歌记词""新闻发布会""电话约会""话题讨论""课堂辩论"等接近于真实的交际活动。

（3）真实的交际通常是在课堂之外进行的。例如学生的日常生活及社交活动、语言实习活动、参观访问、社会调查等，这对学生交际能力的形成是至关重要的。但我们也可以借助某些情境或契机把真实的交际引入课堂，比如师生的初次见面，可以互相询问有关的情况，教师应鼓励学生向自己提问题，以后来了新同学或新教师都可以这样做；有时可以借助"来访者"，比如学生家长、教师或学生的朋友、旅行社的经理或导游、产品推销员、医生等，引导学生开展问答交际；学校、系部或班级准备进行某项课外活动，均可引导学生对活动的内容、方式发表评论，还可以组织学生对共同看过的电影、文学作品、表演、比赛或共同参与过的活动开展评论或总结。

这些交际活动都是以获取信息、交流思想、联络感情为目的而展开的，都属于真实的交际。正如斯特恩（Stern）指出的："信息差作为一般交谈的特点，不仅仅存在于谈话之中，它也是学习新知识、聆听讲座和阅读文本的特征。"我们要把握信息差的作用，开展多种形式的课堂交际活动。

学生在各种类型的汉语课堂学得了一些语言形式、结构、表达方面的知识和技能，这种语言能力训练所追求的是正确性，但孤立语句的正确性并不能保证交际的成功。

上面举例说明了以学生为中心的课堂交际活动，教师只要牢记第二语言的教学目标，运用信息差的手段,就能创造出许多行之有效的交际活动。这些活动不仅能活跃课堂气氛,而且能够调动每个学生参与课堂交际的积极性。语言的运用是一个创造性的过程,我们把难以解决的、富有挑战性的问题放在学生面前,迫使学生做出对某一特定内容的反应,表达自己的意思。学生必须调动已学过的语言形式和语义组合,还要放在连贯的话语中进行表述。这样既能锻炼用汉语思考的能力,又能把功能和形式有机地结合到特殊的交际情景中。教师既作为导演,又作为演员参与其中。交际能力训练的要素有情景、功能、意念、社会文化及性别、心理作用、语体和语域、重音和语调、语法和词汇、语言辅助手段等。海姆斯为交际能力提出了四个参数:语法性、可行性、合适性和现实性。显然,除了语言知识和语言规则的正确性之外,重点主要放在语用方面,即言语的得体性、文化的适切性和话语的连贯性,到了高级阶段还要考虑修辞手法的运用问题。当前,留学生跨文化交际中存在的大量语用失误现象说明了我们汉语课堂中语用教学的不足,我们必须重视这些问题,找到改进课堂教学的措施。交际性的文化知识介绍、社会角色的转换和语言变体的知识、交际策略的分类等有关交际的理论和知识,无疑都是语言交际教学的内容,但目前最需要的还是加强交际能力的训练,让学生在交际的实践活动中培养交际能力,提高交际水平。

我们在加强课堂交际活动时,还要处理好以下一些矛盾:先是交际训练与语言知识讲解、语言技能训练的矛盾。有的教师非常重视语言知识和语言技能的系统性,总是在交际训练之前先进行限定词汇和限定句型的讲解和训练,希望学生在交际中能尽量运用这些知识,但在实际交际(如话题讨论)中,学生常常自由驰骋,超出教师划定的疆界。笔者认为,交际活动本身就是自由表达思想的过程,而不是限词造句和句型模仿的操练,在交际中必须注意强化学生的表达欲望,保护他们的积极性,事先不必限定词汇及语法的范围。教师倒可以在训练活动之后,把交际中产生的"好词语"和"好句子"写在黑板上,带领学生练习、巩固。实践表明,这种做法会使学生的收获更大。

随之而来的问题是如何处理交际训练内容与教学顺序的矛盾。交际中语言的运用是一种创造性的活动,表达的内容常常打乱教科书安排的顺序甚至超出教科书的范围。教科书通常是编者按照一定的语法和词汇的体系,试图"由浅入深"地、"系统"地安排语言输入的。笔者认为,教科书所安排的顺序与第二语言学习者的实际习得顺序并不一致。我们对汉语作为第二语言的认知习得顺序的研究才刚刚起步,教材所安排的顺序是编者主观的构想,教师大可不必拘泥于教材的局限。教材是为语言交际教学服务的,教师决不可削足适履,一味让交际去适应教科书。事实上,任何一本教材都不可能满足学习者对交际的需求,也没有一个语言学习者愿把自己的语言能力限制在教科书的范围之内。我们要牢记,学生交际的需要和兴趣才是语言习得发展的最大动力。

此外还有词汇和语法的矛盾。在交际训练中既要扩大学生的词汇量，又要掌握一定的语言结构。尽管结构形式正确的表达方式是我们一贯追求的目标，但在实际交际中，捉襟见肘的词汇量往往是束缚学生自由表达思想的主要障碍。因此，笔者认为词汇量是矛盾的主要方面，应当不遗余力地扩大学生的词汇量。

第三节　对外汉语教学的方法

我国对外汉语教学理论和教学方法的研究跟对外汉语教学事业同步发展。半个世纪以来，我们在教学理论和教学方法的研究上已经取得了不小的进展。但是我国对外汉语教学的理论和方法基本上是随着英语教学理论和方法的发展而发展的。当然，借鉴是必要的，因为不同语言的教学毕竟有一定的共性，教学理论和方法可以互相借鉴。我们需要通过借鉴开阔自己的眼界，打开自己的思路。没有借鉴，我国对外汉语教学研究就不可能发展到今天的水平。在借鉴的同时不忘总结自己的经验，也是我国对外汉语教学研究的好传统。不过，我们本来还可以做得更好。我们需要不断地对自己的研究进行反思。

就拿关于如何处理教学内容与教学方法的关系问题来说，有学者曾经提出教学方法应由教学内容来决定，教学方法必须与教学内容相一致。后来逐渐发现，仅仅提出这一点是远远不够的，还应当同时说明，教学内容是跟所教语言的特点联系在一起的。例如，汉语的音节与印欧系语言音节的性质截然不同，因此，我们不应当按照教印欧系语言语音的学习教汉语语音；汉字是记录汉语音节的，跟印欧系语言文字的性质也截然不同，因此也不应当按照教印欧系语言文字的套路进行汉字教学。在世界范围内影响较大的各种语言教学法，如语法翻译法、直接法、听说法、功能法等，都是根据印欧系语言特别是英语的特点研究出来的，汉语有不同于印欧系语言的明显的特点，因此上述种种教学法所规定的原则和方法，并不能完全解决汉语教学中的特殊问题。例如，所有这些教学法都不能告诉我们应当如何根据汉字的特点教汉字，如何根据汉语语音、语法的特点教语音、语法，如何正确处理书面汉语教学与口头汉语教学之间的关系。汉语教学中的这些特殊问题，必须靠我们自己去研究解决。只有把这些问题研究清楚了，才能形成符合汉语特点的语言教学法流派；也只有形成符合汉语特点的语言教学法流派，才能对一般语言教学法的研究做出贡献。因为共性就存在于个性之中，一般规律是从特殊规律中概括出来的。

我们在汉语教学理论和教学方法研究上存在的最大问题就是对汉语的特点缺乏足够的认识，总是在西方语言学理论和语言教学理论的框架内思考问题。不同意见的讨论和争论，也总是拿西方语言学理论和语言教学理论作为立论的根据，很少从汉语的特点出发研究问题。即使提到汉语的特点，也缺乏更深一层的思考。这说明我们在汉语教学的研究上存在着一个误区。正因为如此，我们至今还没有找到一条符合汉语特点和汉语学习规律的教学路子。现在占主流地位的教学路子，基本上是西方语言教学路子的翻版。教学路子不对头，就不可能取得最佳教学效果。

一、什么是教学路子？

第二语言教学的路子，跟第二语言教学的目的和内容有关。

人们学习一种第二语言，是为了获得这种语言的语言能力和语言交际能力。当然，学习第二语言还有其他目的，如开发智力、准备升学、提高文化素养等。但是这些目的只有通过获得一定的语言能力和语言交际能力才能达到。因此，进行第二语言教学要把帮助学生获得所学语言的语言能力和语言交际能力作为直接的教学目的。

语言能力和语言交际能力是由知识和技能两个方面的要素构成的。这里所说的知识，是指语言知识、语用知识和相关的文化知识。语言知识又包括语音、词语、语法和文字等语言要素以及关于语言和语言要素的理论知识。这里所说的技能，是指听、说、读、写等言语技能和相应的言语交际技能。这些也就是第二语言学习和教学的基本内容。

我们知道，语言知识、语用知识和相关文化知识是客观存在的，不会因为任何个人而受到影响；而言语技能和言语交际技能则总是跟具体的人联系在一起，是具体的人的技能，离开了具体的人，就无法实现这样的技能。客观存在的知识可以由传授而获得，属于个人的技能却需要经过训练才能掌握。言语技能和言语交际技能必须以客观存在的语言知识、语用知识和相关文化知识为基础，但是这些知识必须通过转化才能成为学习者个人的技能。转化的办法就是结合知识传授进行技能训练。因此，所谓语言教学，实际上就是通过适当的途径和方式以及相应的方法和技巧，把客观存在的语言知识、语用知识和相关的文化知识转化为学习者个人的言语技能和言语交际技能。语言教学的任务就是通过知识传授和技能训练去促进由知识向技能的转化。

要通过知识传授和技能训练来帮助学生完成由知识向技能的转化，就必须设计出进行知识传授和技能训练的途径和方式。这样的途径和方式就是教学路子。例如，把各种知识的传授和各项技能的训练放在同一门课中进行，就叫作"综合教学"；通过开设听力、口语、阅读、写作等专项技能课分别训练不同的技能，并围绕不同技能的训练进行相关知识的教学，就叫作"分技能教学"；既开设综合课，又开设专项技能课，就叫作"综合教学与分技能教学相结合"。"综合教学""分技能教学""综合教学与分技能教学相结合"就属于不同的教学路子。又如，用同一种教材在同一门课中既教语言又教文字，就叫作"语文一体"；通过不同的课型分别教授口头汉语和书面汉语，就叫作"语文分离"。把"词"作为基本语法单位进行教学，使汉字教学附属于词汇教学，可以叫作"词本位"教学；把"字"作为基本语法单位进行教学，可以叫作"字本位"教学。"语文一体"教学和"语文分离"教学、"词本位"教学和"字本位"教学也属于不同的教学路子。

总体来说，所谓语言教学路子，就是经过人工设计的为实现语言教学目的而进行知识传授和技能训练的途径和方式。

二、为什么要研究教学路子？

人们走路，从出发点到目的地，走直线就是走近路，走曲线就是走远路。走远路就要多花时间和气力。语言学习和教学也好比走路，存在着走近路还是走远路的问题。按照正确的路子学习和教授语言就等于走近路，按照错误的路子学习和教授语言就等于走远路。教学路子对于语言学习和教学的重要性就在于此。语言教学路子是一种客观存在，只要进行语言教学，就必然会确定一定的教学路子。我国对外汉语教学现行的教学路子不止有一种，但是有一种教学路子已占据了主流地位。这种占主流地位的教学路子的特点可以归结如下：

（1）以培养汉语能力和汉语交际能力为基本教学目的；

（2）以"语文一体"和"词本位"为基本教学模式；

（3）按照综合教学与技能教学相结合的思路设计课程；

（4）主张结构与功能相结合，重视跟语言理解和语言使用相关的文化知识的教学；

（5）提倡交际性原则和实践性原则，要求"精讲多练"。

上述教学路子是在借鉴西方语言教学理论和教学方法并不断总结自己的教学经验的过程中形成的。这种教学路子尽管融合了自己的教学经验，但是并没有突出汉语教学的个性。"语文一体"和"词本位"教学模式则在很大程度上背离了汉语的特点。

"语文一体"的教学模式不严格区分口语和书面语，不系统介绍口语体语言和书面语体语言的区别，不做语体转换练习，而且对阅读训练，尤其是大量和快速阅读训练的重视程度远远不够。这种教学模式培养的学生阅读能力普遍滞后，不能通过课外阅读吸收更多的知识；书面表达能力更差，即使是高年级的学生，写出的文章语体不伦不类的现象也相当严重。有些国外教师反映，他们的学生到中国学了一年半载以后，口头表达能力有了明显的提高，书面表达能力却不见长进。其实，学生口头表达能力的提高，除了得益于课堂教学以外，还得益于语言环境。

"词本位"教学把词作为基本语法单位，把汉字作为单纯的书写符号，使其附属于词汇教学。把词作为基本语法单位，学生难以对双字词和多字词中的汉字形成独立的概念。汉字不能形成独立的概念，就不便于在大脑中单独储存和提取。例如，学了"欢迎"以后，头脑中就只有"欢迎"这个概念，而没有"欢"和"迎"这两个概念。只有当这两个字连在一起的时候他们才能识别，如果分开来，就有可能发生混淆，把"欢呼"念成"迎呼"，把"迎接"念成"欢接"。同样，学了"唱歌"以后，头脑中就只有"唱歌"这个概念，而没有"唱"和"歌"这两个概念，看到"歌唱"仍然念成"唱歌"，看到"歌舞"会念成"唱舞"。学了"汉语"以后，头脑中也只有"汉语"这个概念，而没有"汉"和"语"这两个概念，以后再学习"汉字"和"英语"时，不能把"汉字"中的"汉"与以前学过的"汉"字联系起来，也不能把"英语"中的"语"跟以前学过的"语"字联系起来。这说明，"词本位"教学不符合汉字的认知规律。不仅如此，学生由于不了解字义，也就难以掌握确切的词义。例如，我们把"学习"翻译成 study，但是 study 并不能传达"习"字所含有的"温习、练习"等意思。我们把"汉语"翻译成"Chinese language"，译文与原文的意思相去甚远；如果翻译成"Han language"，就必须对"Han"做专门的解释。我们把"人山人海"翻译成"a sea of people"或"huge crowds of people"，把"情不自禁"翻译成"can not help"或"can not refrain from"，译文虽能达意，却不如原文生动和传神。以上关于汉字认知和词义理解的问题随处可见，足见问题的普遍性和严重性。上述汉语词语也代表了汉语的某些结构方式，而汉语的结构方式又反映了说汉语者的思维方式。汉语学习者只有深刻了解汉语的结构方式，才能学到中华文化的精髓，逐渐学会用汉语思维。而"词本位"教学却不介绍汉语词语的内部结构规则。

与"语文一体"和"词本位"教学相联系的是教说什么话，就教写什么字，却无法按照汉字形体结构的特点由易到难地进行汉字形体结构的教学。假设第一课教的是"你好、谢谢、再见"这3句话，就要同时教"你、好、谢、再、见"这5个字。虽然这3句话很有用，也不难学，但是这5个汉字却比较复杂。初学汉语的外国人看到这些汉字，就认为汉字都像图画，一开始便产生了"汉字难学"的心理障碍。可见，"语文一体"和"词本位"教学模式是造成"汉字难学"的直接原因。

上述情况说明，要提高汉语教学的效率，必须改变"语文一体"和"词本位"的教学模式，探索新的教学路子。

一种语言的教学路子，必须与这种语言的特点相一致。我国对外汉语教学现在占主流地位的教学路子存在的主要问题就是在很大的程度上背离了汉语的特点。因此，探索汉语教学新的教学路子，必须首先在汉语特点的研究上下功夫。

三、中高级阶段对外汉语教学的理论探讨

我国的中高级阶段对外汉语教学是从20世纪50年代初起步的。但是，真正就中高级

阶段对外汉语教学进行较大规模的实践和系统的探索，还是近十几年的事情。与初级阶段的教学相比，中高级阶段的教学还缺乏理论总结与建树。教学引出理论，而科学理论总结将推动中高级阶段对外汉语教学进入一个新阶段、新格局。以下试图以十几年群体性的教学实践和探索为基点，生发开去，提出中高级阶段对外汉语教学五论，以便抛砖引玉。

（一）定性定量论

定性分析必须建立在定量分析的基础上，这是当今科学研究的一项基本原理。我们提出定性定量论，就是要改变过去中高级对外汉语教学长期没有统一标准的状况，进一步明确它的性质、目的，科学地规定质与量的等级和指标等。

1. 定性，即明确界定中高级阶段对外汉语教学的性质和目的

笔者主张，中高级阶段对外汉语教学的性质和目的应该这样表述："中高级阶段的对外汉语教学的性质是当代实用汉语教学，它以培养学生的语言交际能力为目的，以语言技能训练为核心，以交际文化导入为特征。"

（1）当代实用汉语教学

对外汉语教学不是近代汉语教学，也不完全是现代汉语教学（《现代汉语词典》对"现代"的释义是：现在这个时代。在我国历史分期上多指五四运动到现在的时期），而是当代实用汉语教学。

（2）以培养学生的语言交际能力为目的

中高级阶段的对外汉语教学是初级阶段的对外汉语教学的继续和发展，它必须保持与初级阶段的连贯性和协调性，必须在初级阶段的基础上，继续加强和强化语言交际能力的培养。

（3）以语言技能训练为核心

所谓语言技能，即我们通常说的听、说、读、写四种语言能力，中高级阶段的汉语教学仍要以此为核心展开，同时又要逐步增加"译"的技能训练和培养。

2. 定量，即明确界定中高级阶段对外汉语教学内容的等级、数量和指标

这种界定不是随意性的，它必须源于对外汉语教学，又高于对外汉语教学。它应该以我国四年制对外汉语教学系列为总的参照系。

3. 在进行定性定量分析时，要充分注意以下三个问题

（1）对"基础后阶段"的认识问题

在过去相当长的一段时期内，我们都把一、二年级对外汉语教学统称为基础阶段，这样划分似乎太广泛了些。笔者认为，将一年级称为初级阶段，将二年级称为中级阶段或基

础后阶段，可能更符合实际一些。

基础后阶段是一个特殊的教学阶段，具有复杂而又显著的特点。

中介性（或称过渡性）：它介于初级和高级阶段之间。一方面，它是初级阶段的继续和延伸；另一方面，它又为高级阶段做必要的准备、铺垫和过渡。

灵活性（或称伸缩性）：与初级阶段课程的统一性和规定性相比，这一阶段课程的伸缩余地大大增加，即在开设必修课的同时，根据学生的实际需要开设众多的选修课程。在这些选修课程中，当代汉语课程仍占主导地位，同时又增加了近、现代汉语文化课程和古代语言文化课程。

选择性：学生根据自己的学习目的和现有水平，对课程具有相当大的选择余地。

（2）初级和中级之间、中级和高级之间的坡度问题

这既是一个理论问题，又是一个现实认识和操作问题。

①理论问题。语言教学是分阶段进行的，第二语言教学更是如此。这种教学阶段的划分是与教学内容和难度紧紧连在一起的。根据语言教学的阶段性理论和长期的教学实践，初级与中级阶段之间应该有较为舒缓的坡度，中级与高级之间应该有较为明显的坡度。也就是说，初级和中级阶段之间的水平间距，和中级与高级阶段之间的水平间距相比，后者的水平间距要比前者大。这种坡度的出现，是语言教学与语言学习规律的一种必然反映。

现在的情况是，由于初级阶段的教学内容容量偏小。中级阶段的教学内容又缺乏较为科学的定量分析，因此，显得前者的间距过大，而后者的间距过小。

②认识问题。解决初级与中级阶段之间的坡度问题，必须从名家名篇文学作品的圈子里跳出来，特别要从现代名家名篇文学作品里跳出来；在"基础后阶段"，还应打破选材时不准修改原文的桎梏。

③实际操作问题。操作前，必须对初级水平有较为准确的定量分析——词汇、汉字、语法点等的定量分析。只有这样，才能对中级阶段的起点有一个总体的精确把握，才能逐步避免中级阶段教材编写的盲目性和模糊性。操作中，必须对入选内容及其词汇、语法点等，逐一进行精确的过滤，切忌凭印象确定词语是否入选。

（3）初、中、高三个阶段与汉语水平考试的适应性问题

汉语水平考试与我国四年制对外汉语教学具有一种"若即若离"的特殊关系。总的来说，汉语水平考试基本上是以我国四年制对外汉语教学水平为总的参照系的，但是，它又高于目前的对外汉语教学水准。初等水平的合格界标基本上是以初级阶段一年级的平均水平为标准的；中等水平的合格界标是以中级阶段二年级的平均水平为标准的；高等水平的合格界标不是以三年级的平均水平为标准，而是以四年级的优秀水平为标准的。

（二）序列共核论

序列共核论是在总结我国对外汉语教学正反两个方面经验的基础上提出来的，是逐步形成和发展的，它是第二语言教学的一个共同性规律。

1. 等级课程共核

（1）统一课程等级内容共核

①初级阶段平行课的课程共核。它主要是指初级阶段系列课程教材编写及对应的教学中的共核内容——语音、词汇、汉字、语法及功能项目等。这种共核又有小共核和大共核之分，所谓小共核是指各种平行课（一个小循环之内的读写课、听力课、说话课等）之间的共核内容；所谓大共核是指各种平行课程的学年的总量共核内容。

②中级和高级阶段必修课的课程共核。对这些必修课的教学内容必须有一个基本统一的要求，改变过去你编你的、我编我的，各自为政的教学方式。这是使中、高级对外汉语教学科学化、规范化和标准化的必由之路。

与初级阶段相比，中、高级阶段必修课的共核内容比例要小一些，宽泛一些，这也是一种规律。

（2）选修课程等级内容共核

与必修课相比，这种共核比例要更小一些，更活泛一些。这主要表现在，作为基本的统一共核，它比必修课程的共核内容比例要小，但是，作为针对特有的教学对象（如外贸班、旅游班等），则又允许有一定的特殊共核（或称"次共核"）。这一点，是不容忽视的，也是不能强求统一的。

如果这一观点成立的话，那么在"中高级阶段对外汉语教学研讨会"上争论不休的名家名篇能否进入教材的问题，也就容易解决了。从统一课程共核的观点出发，名家名篇（特别是不同时代、作为文学欣赏的名家名篇）最好不要作为必修课的教材，但是，作为选修课，作为特殊共核（或次共核），对于学习文学或准备成为语言教师的特殊的教学对象来说，它又是必不可少的、十分重要的。

2. 等级大纲共核和水平考试共核

这是等级课程和编教共核理论的发展和深化。其主要标志是由初级阶段的系列课程共上升为教学等级标准共核。这种等级共核既是《汉语水平等级标准和等级大纲》中所规定的教学内容，也是汉语水平考试所依据、限定的考试内容。可以这样说，《标准和大纲》其实质就是一种全国统一的对外汉语教学共核内容。

但是，等级大纲共核与汉语水平考试共核又有不同之处。前者，在总体设计、教材编写和课堂教学实践中,允许有一定的浮动幅度;而后者,其所有共核内容均在考试范围之内,但又允许小比例的超出。前者的"浮动"与后者的"超出",其内涵与外延都是不同的。

3. 技能训练共核

技能训练共核是与设置的课程及其内容密切相关的。中高级阶段的必修课最好设置"(当代)汉语教程""听力课"和"口语课"等密切配合的复合课程。第二语言教学的长期实践证明,这种复合课程对全面的语言技能训练是较为有效的。

(1)中高级阶段的"汉语教程"应该是以训练读和说为主的。语言训练课,同时也兼顾听和写的训练。"听力课"是以听为主的语言训练课,同时也兼顾说和读。"口语课"是以说为主的语言训练课,同时也兼顾听和读。

(2)对"汉语教程"和"听力课"来说,听、说、读,就属于共有的语言技能训练共核。"口语课"与"听力课"相比,听、说、读,也是属于共有的语言技能训练共核。两种课型的读的比重,大体相当。

(三)循环递进论

循环递进论是针对过去中高级阶段对外汉语教学内容的随意性和无针对性提出来的,同时也是中高级阶段对外汉语教学规范化和科学化的重要规律。

1. 同一形式派生的不同等级和层次的螺旋式循环递进

(1)词汇由简单义项到复杂义项的循环递进

比如动词"打",《现代汉语词典》中共收有24个义项,根据对外汉语教学的长期实践和经验,笔者只取了20个义项,分别列入甲级、乙级、丙级和丁级四级义项之中。即将词典中的义项"(1)打门(11)打开盖子(13)打电话(22)打球"等4个义项放入甲级;将"(3)打架(12)打伞(16)打水(17)打酒(18)打鱼"等5个义项放入乙级;将"(2)碗打了(8)打包裹(9)打毛衣(10)打格子(14)打介绍信"等5个义项放入丙级;而将"(5)打墙(6)打烧饼(19)打草(20)打草稿(23)打哈欠(24)打官腔"等6个义项放入丁级中。

(2)语法点由简到繁、由短到长的循环递进

比如"把"字句,在初级阶段的一级等第范围之内,可以先教最简单、最常用的"把书打开""把门打开"之类的简短的"把"字句;进入初级阶段二级等第后,可循环递进,教比较典范的"把"字句;到了中级阶段,再教带复杂定语、状语或补语的"把"字句;到了高级阶段最后教那些书面阅读中遇到的"长、繁、难"的"把"字句。

只有这样循环递进,才符掌握第二语言教学的规律,才能达到熟练掌握和运用第二语

言的目的。否则，像先前那样，初级阶段出过""把"字句"后，就认为学生已经掌握，以后的教材编写和教学中就不再理会，那是对外汉语教学中的形而上学，是不可取的。

2. 不同形式产生的相同或不同等级和层次上的叠加或循环递进

（1）汉字由独体字到合体字的叠加递进

初级阶段可先教笔画简单的、常用的独体字，如"人、山、水、日、月、女、手、木"等，然后教笔画较多而又不能分解的独体字，如"身、页"等。

现在使用的汉字，大多数是合体字。合体字中有些是从会意字演化而来的，如"林、休、明、从"等；合体字中的大多数是形声字，如"清、请""板、椅""湖、海"等。

汉字的这些特有规律，要在编教和教学中加以利用。

（2）词汇的叠加循环递进

①熟字、新词、新义的叠加现象。比如：

生活，生日；天气，生气。

生产，产生；工人，人工。

②同义词和近义词的循环递进。比如：

同义词：曾、曾经，常、常常；美丽、漂亮，保卫、捍卫；式样、样式。

近义词：手段、方法，成果、结果，修建、建设，改造、改革。

③"衍生词"的叠加递进。"衍生词"是笔者为便于教学和理解而起的名字。先看下面的例子：

身体、高度—身高，木头、椅子—木椅，这类衍生词，容易理解，不必作为生词列出。

身体、重量—体重，空气、温度—气温，这类衍生词，不易理解，最好作为新词列出。

3. 同一等级的汉字经重新组合而产生的相同或不同等级和层次的循环递进

（1）同一等级汉字构成的叠加递进

比如，1011个甲级词中含甲级字793个，这793个汉字经重新组合叠加，形成许多新的词，我们称这些词为同一等级汉字构成的新的词汇。这些新的词汇对于词语教学是十分重要的。

（2）不同等级汉字构成的叠加递进

比如，甲级词中含有的甲级字为793个，2017个乙级词中含乙级字为831个。这两级汉字经重新组合后，可以形成众多的新的词汇，我们称这些词为不同等级汉字构成的新的词汇。这种研究，对教学也是十分有益的。

（四）文化导入论

1. 文化导入的必然性

近几年来，我国对外汉语教学界对于文化在教学特别是中高级阶段教学中的重要作用，展开了热烈的讨论，并逐渐有了共同的认识。所谓文化导入，有两层意思：第一层意思是将有关的文化因素直接引入相关的教材，大家都认识到，没有提供足够文化因素信息的教材，将文化导入教学仍然是十分困难的；第二层意思是将有关的文化因素直接引入以语言技能运用为核心的语言训练体系。

文化导入是对外汉语教学不断循环深入的必要条件和必然结果，是提高语言教学水平和语言运用得体性的必由之路。

2. 文化导入的规定性

（1）文化的范围

这里说的文化，是指对外汉语教学中直接涉及的、体现在语言教学中的内涵，即语言学习和运用中直接影响理解和交际的文化因素。笔者认为，对外汉语教学中的交际文化至少可分为三类：①语俗文化；②语感文化；③语境文化。

（2）交际文化的代表性

我们在对外汉语教学中要教给学生的交际文化，是有普遍意义的、有一定文化素养的中国人之间反映出来的较为典型的交际文化现象。

（3）交际文化的时代性

交际文化不是凝固不变的，它将随着时间的推移，显现出不同的时代特点和风貌。我们在对外汉语教学中介绍的交际文化，应该是当代"活"的交际文化，应该避免那些过了时的交际文化现象。当然，作为中国历史文化知识的介绍，又当别论。

（4）交际文化的语体差异性

交际文化在不同的场合、不同的背景，反映在不同层次的人身上，会出现不同的形态和语体，最常见的是"家常语体""社交语体"和"典雅语体"三种。

3. 文化导入的阶段性

一定的交际文化项目是与一定范围的语言要素（语音、词汇、语法等）相适应的，这就决定了交际文化的导入也要有比较分明的阶段性。

文化导入是有规律可循的。它的基本规律是，其数量和难度在由初级到中级、中级到高级的循环发展中，呈现逐步增大的趋势。这就决定了，到了中、高级阶段，交际文化的比重将大大增加，它对教学水平的提高将具有越来越大的制约作用。

（五）多样选择论

多样选择，是根据中高级阶段的教学和教学总要求，对课程、教材、教学原则和教学方法进行多样化的选择。这是中高级阶段教学的又一显著特点。

1. 多样选择表现在必修课的设置上

这里我们要强调指出，我们说中高级阶段的对外汉语教学，是以培养学生的语言交际能力为目的的。以语言技能为核心，以交际文化导入为特征的当代汉语教学，主要是指以必修课为代表的核心课程、主导课程、应用课程。

（1）必修课的设置

必修课的设置必须是相对完整、统一的复合课程。根据多年来反复的教学实践，总结出这一复合课程至少应包括三门课：综合性的精读课程"汉语教程"，分工较为明确的技能课程"听力课"和"口语课"。

（2）选修课的设置

选修课的设置必须适应中、高级阶段的教学特点，尽可能满足学生的多种需求和兴趣。其中，"报刊（阅读）课"和"（应用文）写作课"这两门课是介于必修课与选修课之间的课程，是选修课中的重要课程。有的高校把它们也列入必修课是有一定道理的。

2. 课程的多样化必然导致编教原则和教学原则的多样化

（1）编教原则的多样化

这是由课程本身的多样化决定的。一门好的课程好像是一位身怀绝技的导师，能引导学生很快学会某种语言技能。因此，在编教过程中，必须针对这一课程的特点和难点，有针对性地进行编写。

听力课，它是以训练听力为主的课程，因此，情境的设计和语音、语调和句调的变化等就成为十分重要的因素，编写原则必须尽可能与之相适应。

（2）教学原则的多样化

这是由课程本身的多样化和编教原则的多样化决定的。一位好的教师好像是一位出色的导演，能根据课程和编教原则的要求，将其十分灵活地、创造性地运用到教学中去。

口语课，它是以训练口头表达为主的课程，因此，语言功能项目的设计和交际文化因素的注释和运用，就成为十分重要的前提条件，教学原则要尽可能与之相衔接。

（六）结语

1. 定性定量论要求统一

定性定量论要求性质目的的统一、等级指标的统一。这种统一是认识基本一致的基础上的统一,是当前条件下的统一,是定性描述与定量分析的统一。随着时代的发展、科技的进步和认识的深化,将会出现新的标准下的新的统一。

2. 序列共核论要求制约

序列共核论要求对课程(主要是必修课)制约,对共同教学内容制约。这种制约是从宏观上对教学内容的中心部分(共核部分)进行必要的限制。这种限制与制约是限时性的,是正规的语言教学所决定的,是语言教学的基本规律之一。

3. 循环递进论要求发展

循环递进论要求的发展不是跳跃式的发展,而是循环渐进的发展;不是直线发展,而是螺旋式发展。这种螺旋式发展,既是"教"的规律,又是"学"的规律,是成功的语言学习的必由之路。

4. 文化导入论要求"入乡随俗"

文化导入论要求在真实的语言环境中学习目的语,要在学习目的语的过程中,体会"语感",深入"语境",使用"语俗"等。这是中高级阶段对外汉语教学的最显著的特点之一。

5. 多样选择论要求多元,要求发展个性

多样选择论要求教材编写的多元、教学原则的多元、教学方法的多元。课程的多元是中高级阶段教学对象的多样性的客观反映,是学生的客观要求在教材上的反映;方法的多元是课程和教材的多元在学习途径上的体现。

四、高级阶段的汉语教学研究

(一)高级阶段汉语教学研究的重要性与紧迫性

一种语言在其他国家产生影响,主要不只是靠掌握一般语言的人,还要靠那些具有高度语言水平甚至达到"专家"程度的人。他们不仅能够出色地使用这种语言,传播这种语言的文化,还有能力成为本国这种语言的教师。主要是这些人的活动与成果以及他们的声望、地位,才使某种外语在一片陌生的土地上落地生根。而这样的汉语人才只有——至少要——通过高级阶段的教育才能培养出来。要使汉语真正在世界上产生大的影响,就要在留学生中努力培养出一大批高水平的语言人才来。这样就必须对高级阶段语言教学的历史、现状、理论与规律进行深入研究,以期用更短的时间使学生更好地掌握汉语,更多地了解汉语所承载的中华文化。

1. 高级阶段是专门语言人才形成的关键时期

高级阶段是本科教育人才的完成阶段，能否培养出高级汉语人才来主要看这个时期。经过高级阶段的完善，学生的语言知识掌握得比较牢固，汉语运用得比较熟练，可以胜任各种使用汉语的工作，有较强的通用性。外语学习的经验证明，一个初通外语者在不常使用外语的情况下很容易将它遗忘，而外语真正过关以后，这种遗忘率就会大大降低，就像会骑自行车者那样，十年不骑，跳上去依旧会骑。而在初级、中级两个时期所欠缺的，可以在此时进行必要的补充。高级阶段教学改革不仅关系到这后两年的教学质量，而且其示范与指挥棒作用对初级和中级阶段教学水平的进一步提高也将产生深远的影响。

2. 目前高级阶段理论研究薄弱，可突破点多，提高空间大

这些年来，尽管对中高级阶段汉语教学的研究已经有了不少进展，几部大纲也为教学树立了一些重要的标杆，但仍然有许多问题可待解决。

尽管汉语学习在高级阶段所表现出的水平阶梯不如初级与中级那样明显，但是教学的科学性和规范性又要求我们必须尽可能地在定性和定量方面更加准确清楚，在这方面还有许多事情需要做。从整个本科教育来看，无论是教学实践还是教学研究，都是初级阶段最成熟，中级阶段次之，高级阶段历史短，学生较少，所以相对而言比较落后。科研滞后已经成为制约高级阶段教学质量提高的瓶颈。高级阶段汉语教学的许多理论问题不但缺乏研究，甚至还没有进行认真的梳理、归纳。一些影响全局的问题多年来未能引起人们的注意。我们可以从三方面考虑：①当初决定 8000 词的主要依据是根据词频统计，即 8000 个常用词即可覆盖一般语料的 95%。由于新词汇层出不穷，增加量通常都大于减少量。②不仅是常用词汇量扩大使我们的标准要适当提高，还应当更多地考虑到高年级学生学习新词语的能力和对词汇的再生能力。他们具有比较丰富的识记汉语词汇的经验，并初步掌握汉语语言学理论知识，对新词语的感悟领会与记忆能力应当比初学者强得多。③教学实践表明，对词汇的掌握应当区分复用式与领会式两个档次，而不宜一律要求。这个问题在高年级尤其重要。将掌握词汇的两个档次分别要求，有利于学习词汇和扩大词汇量。

高级阶段汉语教学的重点（至少是重点之一）应当是语篇。语篇教学除涉及语言学因素外，还和一些泛语言学因素有密切的关系。

在汉语教学的高级阶段，着力发现、挖掘、梳理并从理论与实践上解决那些对教学质量提高影响特别大的问题，将有力地改变整个教学面貌。

3. 高级阶段教学时间长，提升潜力大

高级阶段处于本科教育的后半期，在四年学习中占了整整一半，相当于初级和中级两个阶段之和；高级阶段课程门类众多，技能训练的综合性强，层次高，因此从教学时间和

活动空间来说都有利于进一步提高教学效益。目前高级阶段教学的一个重要缺陷是目标与计划过于笼统，两年之间缺乏明显的区别，目标与训练的阶梯不清。在初级阶段，一年的教学时间分成了几个小的单元，每个时段都有明确的量化的训练目标与具体要求，因此效果十分显著。而现在整个高级阶段的训练目标虽然已经比较明确，但是三年级和四年级应当分别实现哪些，如何一步一步去落实，还缺乏科学的计划，甚至还没有进行自觉的研究。尽管由于高级阶段语言的综合性、模糊性使教学与初级、中级有很大的不同，但是在训练的循序渐进上应当是一致的。尽管从客观上说越到中高级阶梯就越不那么明显，但是阶梯依然存在，若从大处着眼，还是不难梳理出来的。在两年的四个学期中——每个学期还可以再划分为两三个略小的阶段——分别予以落实。这样有助于加强教学的计划性，克服随意性，将训练纳入更加科学的轨道，提高教学效益。如果高级阶段教学改革取得突破，那么整个对外汉语教学的面貌都将大为改观。

4. 人才市场对高级汉语人才的需求日趋旺盛

国外人才市场对掌握汉语和了解中国文化者的需求呈上升趋势。汉语在有的国家已经成为大学、中学甚至小学的主要外语语种之一。对某些国家来说，初级汉语人才往往在本国就能培养，而中级尤其是高级汉语人才还是要到汉语的故乡中国来学习才行。不少过去只进行汉语预备教育的其他大学也开办了本科专业，接收了许多要求达到高级汉语水平的留学生。

高级汉语人才需求是一个长期趋势，到中国来学习高级汉语和中国文化是许多外国人的愿望。因此加大高级阶段汉语教学改革的力度，尽快解决那些多年没有解决的问题，认真分析某些我们至今尚未认识到的问题，进一步提高教学质量，是我们今后工作的重点之一。

（二）高级阶段汉语教学面临的问题

汉语言专业本科教育正式建立20多年以来，高级阶段的教学改革取得了很大成绩，这是有目共睹的。但是由于在第一个10年里，三、四年级学生的人数一直较少，四年级的平行班长期只有两个，三年级也仅三四个；即使到现在，第二个10年已经过去的时候，平行班较多的也只是有一所学校，其他20多所大学高年级要么初办，要么每个年级只有一两个班。和初级、中级阶段相比，实践与试验的机会相对少得多。因此高级阶段汉语教学的实践没有为理论建设提供如初级与中级阶段那么多的机会与材料。再者，高级阶段教学的某些问题不完全是这个时期产生的，而是以往积累下来，到了"成品阶段"才暴露出来罢了。还有一些问题是由留学生"进口"渠道复杂多样造成的。不少三、四年级学生是从本国来华直接插班的，前两年或三年没有在中国的大学受过严格的汉语训练。

尽管存在上述问题，但是三、四年级的教师在高级阶段汉语教学中做了许多探索，教学面貌在不断发生变化。我们以某大学高级汉语综合课四年级考试试卷变化为例，可见一斑：

1991—1992学年四年级高级汉语第二学期期末考试试卷共七种题型，可分为四类：词语类两种（成语与四字语填空），共20分；句子类三种（模仿造句、完成句子、改写句子），共37分；语段含义理解一种，8分；回答问题一种，35分。四大类兼及词语、句子、语段、篇章四个方面的测试。词、句方面的测试成绩占57分，语段与语篇占43分。作为四年级汉语综合课的毕业考试，测试重点没有放在语段、语篇上，显然是欠妥的。第二个缺点是，试题全部内容均在教科书中，且大部分涉及课文后边的练习，学生平时做过作业，很容易做准备。另一个不足是整个试题的难度过低。学生在两小时中，几乎可以用一半时间即一小时来做仅仅要求写300字的一道分析题，而汉语水平考试要求在30分钟内看图写一篇400~600字的文章。同样在两小时内，HSK要求完成的各种类型的题量几乎要比它多一倍。从试卷的几个大题来看，分数的实际价值也偏低，难以起到通过考试促进学生学习的作用。

注意到上述问题后，第二年即1992—1993学年第二学期的试卷有了较大的改进：

（1）词语题型为三种，16个小题，分数减少为16分，但难度增加了：

①为句子中的词选择一个词义最相近的词；

②选择适当的成语填空（每句由四个成语中选一个）；

③填写适当动词，完成句子。

（2）句子类题型仍为三种（用俗语改写句子，按要求改写句子，模仿造句），分数减为32分。其中"用俗语改写句子"是提供给学生5个句子，让学生将5个句子分别概括为5个俗语。因此也可以看作是词语类题型。

（3）语篇测试的比重增加到52分。其中"用所提供的词语和结构写话"占30分，从本学期学过的3篇课文中各出一个问题，三题任选两题，每题从指定的10个词语或结构中至少选用7个，写出150字的语篇来。

（4）开始将教科书之外，涉及同等水平的内容的试题（简称水平试题）列入试卷，占22分。即要求阅读一篇约1000字的微型小说，回答四个问题。

这份试卷虽然比一年前已经有了明显进步，但是还存在不少缺点。水平试题的比重仍然太小，而且难度较低，该题没有提出答题的字数要求，学生容易答得比较简单。

第三年即1993—1994学年第二学期的试卷对水平试题的答题字数明确定为200字，并出现了一个新题型。该题是"解释加点的词语的含义"，如"康孝纯说：'头一杯，祝贺咱们俩经历了二十多年风雨，还都没缺须短尾'"，求解"缺须短尾"的含义。水平试题共10题，10分，题的难度和分数都是比较合适的。但是词语题所占比例仍然过大，难度不够。

1994—1995学年第二学期的试卷，水平试题"阅读小小说，写一篇小评论"的答题字数要求增加到300字，分数也增至25分，而且不再要求短评必须包括哪几方面的内容，因为这实际上等于是提示，所以难度有所提高。两题评论所学过课文中的人物，每题字数也提高到200字。即学生在这份试卷上至少要写700字，比上年的总数500字增幅达40%之多。

1995—1996学年第二学期试卷的最大变化是，水平试题"阅读小小说，写评论文章"的分数增至30分，而词语类题型降为一个"完成下列词语"，仅5分。句子类题型三种共35分，分别为"用指定词语完成句子"5题共10分，"模仿造句"5题共15分，"改变句子形式"5题共10分。由于词句类题型所占分数减少，因此篇章测试的比重自然就加大了，题型增加到三种："分析下列两段话的深层含义"10分；分析学过的课文三题中选做两题（其中一题为必做）20分；要求写评论小小说的短文，字数再增加。

但是在1996—1997和1997—1998学年第一学期词语类题型又增加到四种，分数多达20分。除"完成下列成语"外，分别有"写出下列各词的反义词""选择适当的成语或四字语填空"（给十个词在五个句子中各选填一个），"指出下列加点的词属于哪个义项"（每句给四个义项），"改正下列句子中用错的词"（如"这种颜色的衣服不合适你的肤色"，应将"合适"改成"适合"），"选择词语完成句子"（三个选一个）。造句类两种题型共计30分。

从1997—1998学年第二学期起，水平试题的比重和试卷阅题、答题的字数方面，均有进一步增加。

从四年级必修课高级汉语综合课八份试卷的变化中我们可以清楚地看到：

（1）教学改革一直在进行，要求越来越严格，分数的价值不断提高，教学改革取得了明显的成绩。在这些试题变化的背后，除了教师的辛勤调整外，还有对于学科性质、培养目标、课程特点认识的提高。

（2）试卷的基本题型比较稳定，分属词语类、句子类、语段语篇类。语篇教学得到重视，语段语篇类试题的比重上升到50%，四年级教学任务的重点与特色得到了体现。

（3）水平试题稳定在30%，提高了字数要求，与HSK的要求大体相当，也比较符合学生即将撰写毕业论文的实际。

（4）难度不断增加：两小时的考试仅语段语篇类题目要求所写字数达770字；过去有时出现甲乙级语法点的试题，这种情况现在已经消失。

但是，如果我们从本科教育培养目标标准出发，从学生即将撰写毕业论文着眼，就不难看出作为本科高级阶段每周6学时之多的必修课——高级汉语综合课，还有许多有待于改进的地方。高级汉语综合课的改革如果能够有一个较大的突破，那么学生在本科四年学习的后两年，汉语言运用能力还将有更大的提高。

这些年来对高级汉语课测试试卷题型和分数比例的反复调整，以及对几个基本关系（主观题与客观题的比例,词语类、句子类、语段语篇类题型的比例,每一类题内部的难易比例)的研究表明:我们对四年级学生汉语运用能力究竟应当达到什么水平仍在思考;对于究竟什么是"高级汉语",或者说汉语的高级水准应当如何体现,渴望有科学的量化的标杆;对于作为课程体系中的主干课"高级汉语综合课"的课程性质、教学任务仍在苦苦探索之中。

(三)高级阶段的语言运用能力

解决高级阶段汉语教学问题,先要认识清楚高级阶段的语言运用能力,从定性与定量上进一步科学化。

《汉语水平等级标准与语法等级大纲》已经有了重要突破,使能力培养第一次有了一个比较科学、完整、具体而便于操作的指导性依据。这部大纲的《标准》部分的基本框架是三等、五级、三要素。"三等、五级"即:

初等水平(相当于汉语言专业一年级)含一、二级标准;

中等水平(相当于汉语言专业二年级)含三级标准;

高等水平(相当于汉语言专业三、四年级)含四、五级标准。

"三要素"是:每一级标准都由话题内容、语言范围和言语能力构成。

应当说,这个"三要素"已经朝着语言运用能力标准的立体化方向迈出了重要的一步。请看高等水平《标准》的基本框架与主要内容,如表 2-3。

表 2-3 高等水平"三要素"的主要内容

高等水平	话题内容	语言范围	言语能力
四级	中国报刊、电台和电视台的一般新闻,较高层次的学习(如进入中国大学本科学习与进修),各种社会交际活动和一般性工作(如旅游、体育、商贸、文化、外交等)。	普通话全部声、韵、调以及轻声、儿化,甲乙丙三级词及丁级词的一半共约 7000 个,甲乙丙三级汉字及丁级汉字的一半共约 2555 个,甲乙丙三级语法及丁级语法的一半共约 910 项。	基本符合汉语的规范性,初步体现汉语的多样性,初步显示汉语运用的得体性,基本适应不同语体的不同需要。对所学汉语的"文化背景"和语义内涵应有一定的了解和初步运用的能力。
五级	中国报刊、电台和电视台的各类新闻,较高层次的学习和社会交际活动,带有一定专业性的实际工作(如教学、科研、商贸、文化、外交等)。	普通话全部声、韵、调、轻声、儿化以及语气、重音,最低限为甲乙丙丁四级词 8822 个,甲乙丙丁四级汉字 2905 个,甲乙丙丁四级语法 1168 项。	具有从事较高层次的学习、社交活动和带有一定专业性工作的能力。言语活动符合汉语的规范性,体现汉语的多样性,显示汉语运用的得体性,适应不同语体的不同需要。对所学汉语的"文化背景"和语义内涵应有较深的了解和活用的能力,并初步具备运用汉语进行思维的能力。

《标准》对读、听、写技能的等级也做出了比较具体的规定,如表2-4。

表2-4 读、听、写技能的等级要求

高等水平	读	听	写
四级	含生词4%以内的内容较为复杂的文章;速度135字/分,理解80%以上。一般性文章的快速阅读和查找信息的能力;速度180~220字/分。	课堂上,有一定深度的连贯性讲解,语速稍快(180~240字/分);实际交际中,语速稍快(180~240字/分)的会话、谈话;语速正常(180~220字/分)的一般性新闻广播、电视节目。	整体听记较长语段(400~600字)要点的能力;两小时内写出命题作文,字数在700字以上。
五级	含生词3%以内、文言词语2%以内的原文;速度150字/分,理解80%以上。各类文章的快速阅读和查找信息的能力:速度180~240字/分。	课堂上,带有某种专业性的讲解、课堂讨论和辩论,语速较快(180~260字/分);实际交际和工作中,语速正常或稍快(180~240字/分)的讲话、对话和新闻广播;语速较快(180~260字/分)的会话和讲话。	整体听记较长语段(600~800字)要点的能力;两小时内写出命题作文,字数在800字以上;撰写毕业论文,字数不少于5000字。

该大纲还对每级标准从读、听、说、写、译五项技能的角度分别进行了具体描述。但是总的来看,对词汇和语法的要求比较具体,便于落实与检查;而对语段和语篇能力的要求则比较笼统,不清楚究竟有哪些具体能力。有些要求的限制条件没有标出。因此要进一步完善标准,尤其是要把这些标准从各方面——总体要求、阶段目标、微技能等——进一步分解,才能使各项技能目标的实现更加具有可操作性,易于落实。

从教学实践出发来研究语言运用能力是有它独特的角度的。这里我们以表达能力为例,来阐释一下高级阶段汉语表达能力应主要体现的几个方面。

1. 用汉语高密度表达的能力,即数量要求

"速度"的问题似乎比较容易引起人们的重视,但其实并非如此。因为并不是越快越好,而是在"好"的前提下加快。这个"好"不仅是指内容和语法准确,而且包括语音、语调、语气等方面的要求。而这就需要进行科学的训练,主要是指能够在短时间内做出最佳的语言反应表达。

"密度"是指同样字数中的信息量大小,目标是达到语言运用能力的精练程度。因此,这是一个空间要求。有的学生尽管能说或写许多文字,速度也可以,但是文字水分大,同量字数中的信息比重小。有不少文字实际上讲的是差不多的内容,并没有提供新的信息。因此需要帮助学生学会将文章或话语写得或说得精确。

具体来说就是要有即兴长篇大论地叙说的能力,即能够就某一个议题在3分钟内讲大约400字以上话语的能力。长篇大论地写作的能力,即具备在100分钟内写一篇有主题,内容充实,基本上没有病句,且不少于800字的记叙文或议论文。

2. 用汉语简练表达的能力，即提炼技术

高级汉语在能力训练上要进行分解，而不应只做笼统要求。笔者在教授当代中国话题时对刚刚升入四年级不久的学生做第一次模拟练习时，发现至少有三分之二的学生只是将故事的主要情节复述一遍，其中多数人还不能写完。他们习惯于用一年级开始养成，二、三年级依然经常使用的复述原文的方法。因为这是一切外语学习的基本方法，尤其是在初级阶段，特别需要这样反复操练。

阅读文章听取信息后的提炼能力，包括归纳、概括文章的中心意思，主要论点，分论点，基本结构，人物的主要事迹、性格，人物关系。学生往往只会不分主次轻重地复述，不习惯于从中提炼出主要论点或内容来；往往是按材料顺序讲或写，造成重点不突出、结构零乱。这些都是需要我们着重予以解决的。

3. 用汉语表达严密思维的能力，主要是逻辑性

在对外汉语高级阶段的教学中，培养学生具备严密的逻辑思维是题中之义。汉语教学的范文具有逻辑美，而且只有在教学中将这种隐藏在句中、句群间、段落间和篇章之间的逻辑关系表达出来，学生才能真正具备掌握高级汉语的能力。从语言形式的角度来说，就是具备句、句群、段与段之间（显性与隐性）的衔接能力。因此要学习连接、过渡、转折、回复、呼应等各种衔接手段，争取做到衔接得自然、紧密、巧妙。

4. 用汉语表达自己见解的能力，即认识的独创性和语言个性

这里有一个问题需要讨论，即如何看待学生的"创造能力"，将其置于什么位置。这也是本科教育中素质培养目标的理解落实问题。我们往往只关注学生在使用汉语时，有没有错别字，句子通顺不通顺、正确不正确等问题，至于学生是否能够用汉语表达自己的深刻思想，有没有独创性，似乎不受重视。实际上作为一个合格的大学本科生，应当具有这些能力。这是汉语运用能力是否达到"高级"阶段的一个重要标准，我们不能停留在学生不写错别字和句子通顺简练的要求上，也不能只要求学生看懂文章理解内容，而应当理解文章表达的深层意思，自己对这些问题或人物应当有较深入的认识，或者能够用自己的语言进行评价，并将意思表达得比较清楚而又有意味。

5. 汉语语体特征的把握能力，即语体意识

能否把握不同语体风格，能否在不同风格系统之间、在雅与俗之间进行语码转换，是高级汉语表达能力的重要标志。我们强调语言的得体性，在高级阶段还应向高雅性发展。得体高于及格标准，不得体就表明语言运用得不符合身份或场合，而高雅性是语言运用的高标准。有些人认为高级阶段的汉语教材，包括高级口语、当代中国话题、高级汉语，有

一个明显缺点是语言不够口语化，不能进行口头交际。实际上，这是一种误解。口头交际是分层次的，如果口头表达从初级到高级一直是一种语体风格，全是大白话，那是教学上的失败。在丰富多彩的社会生活中，不少工作和场合需要人们用比较庄重、文雅，甚至书面化的口语进行交际。"一种语言的语用系统所形成的语体类型是多元的，各个语体之间的界限，是凭借语体区别特征区别开来的。所谓把握语体特征，就是把握各个不同语体的共同点与不同点。如外交语体与日常会话语体，前者语音规范雅正，后者俗音俚调；前者词语多用文言套话，后者则不忌方言土语；语法上前者句类单纯，句子长度大，固定格式多，后者句类多样，句子简短，当然还有修辞特征与风格特征的区别。"高级汉语表达能力体现在能够把握使用不同风格的汉语上面。我们也不能将交际看作只有口头交际一种类型，书面交际能力也至关重要。这在学生未来工作中用处十分广泛，特别是在信息社会，无论是书信还是文件往来，那种准确、严密、简练、雅致的语言会用得越来越多。

高级阶段成段、成篇地叙述的能力应当强调"准确、连贯、完整"这三个基本要求。

准确：是正误的界限。除内容的正确外，还包括用语的妥当和定语、状语、补语位置的合适。对于三、四年级的学生来说，达到这个目标并不是很困难。问题在于他们往往习惯于用最简单的答案，甚至只用一个词，而不是完整的句子来回答。因此必须同时提出以下两个要求。

连贯：除了内容本身的连贯外，主要是对句与句之间有机联系的要求。这是训练成段表达、大段表达直到成篇表达的一个中心环节，也是进行思维训练的一种基本形式。这就要求学生在表达之前，对内容从整体上做一番思考与整理，有条理地进行叙述。但是对于一个略长一点的语段来说，光是达到"连贯"显然是不够的，因此还必须要求"完整"。

完整：是训练学生进行有中心、有条理、全面叙述的一个最重要的指标。要帮助学生养成分析"这是从几方面写（说）的"的习惯，从而进一步巩固表达的连贯性，自觉地注意回答相关问题的完整性。由于是从"几方面"入手进行思考，不但内容的完整性能够实现，而且思维的条理性和逻辑性也得到了锻炼。

对讲述与评论能力也要进一步分解。"当代中国话题"是一门提高学生篇章阅读能力和高层次口语表达能力的课程。笔者授课时要求学生在读过文章发表见解时要注意以下几方面能力的提高：

（1）提炼与突出主题的能力；

（2）分段介绍与段落衔接能力；

（3）巧妙开头的能力；

（4）有力结尾的能力；

（5）精彩语言的设计能力。

要在高级阶段培养出这样的语言表达能力，显然应当让学生多说多写，而且要多讲长话，多写较长的（800字以上）文章。多说的问题主要从两个方面解决：课上教师少讲，学生有时间多说；有意识地让学生有准备地发言，逐渐过渡到能够做篇幅较长的即兴发言。只有着力于培养各项具体能力，学生的高级汉语运用能力才能得以形成。

在明确了高级阶段汉语运用能力的目标之后，如何进行分解训练便成为关键。高级阶段两个年级四个学期如何具体安排，在教学目标与训练上究竟应当有什么分工，各自应当完成哪些任务，需要进一步细化。

在解决技能训练的阶段性问题上各门课均应注意以下两点：

（1）在分阶段训练中坚持真实性和综合性

语言运用能力的本质决定了高级汉语的"高级"在于它对真实状态下的语言运用的反应程度与水平，而且这种状态通常都比较复杂。因此无论哪一类课型均应减少一般性的简单模仿训练，尽量抹去人工痕迹，增加真实感和综合性强、能够锻炼思维能力的练习。注意将词语与句子的训练和篇章训练结合起来，如三、四年级多重复句的练习就可以纳入篇章练习。

（2）注意明确训练目标与适当的项目量

培养能快速大量地汲取信息和长篇大论地叙说和写作的能力，是高级阶段汉语教学的基本任务，而这些能力既不能截然分开，又必须适当地有重点地分别实现。有时可能主要训练读说，有时则可能重在读写。总之在技能、文体、数量、强度、密度等诸多方面每一课程均应有分工及分阶段目标。

以上主要是对高级汉语表达能力的要求和能力构成的各种因素做了一些粗略的分析，对于微技能问题只是刚刚接触。与文字、词汇、语法等方面的要求分解得那么细致、等级划分得那么清晰相比，语段和语篇的能力要求无论是类别划分还是等级划分都是相当初步的。这方面的工作要加大研究的力度。

第三章 对外汉语教学课程研究

第一节 对外汉语教学课程和课程设置

一、对外汉语教学课程的含义

"课程"是我们熟知的一个广泛使用的术语，课程的含义可以简单地概括为"教什么"的问题。正因为如此，在对外汉语教学领域对课程含义本身以及课程的一些基本问题都鲜有涉及。但实际上课程是一个具有多重含义、反映不同认识论和方法论的概念，它涉及知识、技能、能力、态度、情感等多方面的因素，隐含着特定的教育理念和教育思想，反映出学科、学生、社会的相互关系，是一个动态开放的概念。

一般的课程定义认为课程即教学科目。广义的课程指学生学习的全部学科，狭义的课程指某一门学科。这一定义的实质，是强调向学生传授学科的知识体系，注重规范教学的范围、内容和进程，对教学方法、学生的能力与素质未给予足够重视，是一种典型的"教程"和"学程"的定义。这样的课程定义不能反映语言教学的课程特点，更无法反映作为第二语言教学的对外汉语教学的特点。

对外汉语教学是一个特殊的学科，它是对外国人进行的把汉语作为第二语言的教学。这一学科性质决定了对外汉语教学要以培养汉语交际能力为目标，以技能训练为重点，将语言知识转化为语言技能。因为学习语言不是学一种知识，而是学一种技能。同样，对外汉语教学的课程也必须要反映语言、语言学习和语言教学的规律，要体现不同于一般学科的教学内容和教学方法。学科的性质和任务决定了对外汉语教学的课程至少包括以下含义：

1. 课程即学习过程，即语言的内化过程

对外汉语教学的课程是学习者学习和习得汉语的主要途径。与母语习得的社会化过程不同，第二语言学习过程主要是通过课堂学习这一形式来实现的，课程本身应当反映这一过程并且能够部分地实现这一过程。课程是学习者发现汉语规律、寻求汉语规律，并对原有语言规则系统的进行重组和内化的保证。

2. 课程即有计划的教学活动

对外汉语教学的课程应该有侧重地指向任务活动。言语技能的获得和语言交际能力的培养是通过教学活动来实现的，只有通过大量、反复的技能训练，学习者才能学会第二语言。语言教学的课程本身应当就是一系列有目标、有计划、有组织的活动组合。教学活动包括语言操练活动、技能训练活动、模拟交际活动、语言实践活动等。

3. 课程即教学科目

对外汉语教学的课程应当反映语言学习所必需的知识结构，其教学科目以细化和分解本学科内容为主，如汉语语音、词汇、语法、汉字知识等，或独立成为科目，或结合组成科目。同时相关的人文知识和文化知识以及其他学科的内容也可以作为教学科目列为课程。这些教学科目主要以讲授为主。

4. 课程即文化意识的再造

对外汉语教学的课程包括文化对比和跨文化意识培养的含义。第二语言学习一般是在学习者的认知能力、社会能力和文化意识已经基本形成的情况下进行的，而母语与目的语之间的文化差异，以及这一差异给学习者在语言学习过程中造成的文化不适应，都需要我们在课程中给予重视和解决——虽然解决的办法有时是隐性的。实际上，第二语言教学在进行语言教学的同时也在进行着文化内容的教学，语言交际能力的培养从另一个角度讲其前提就是跨文化意识的培养，解决这些问题，对外汉语教学的课程责无旁贷。

以上只是归纳了对外汉语教学课程的一些基本含义。从课程定义的层次上分析，我们还可以归纳出具有不同意义的、在不同层次上起作用的课程。例如，体现在教学设计中的理想的课程、教学实际运作层面的课程、试验的课程、临时性课程、任课教师从自身理解和处理方式出发的个性化课程、学生实际体验到的课程等。

二、对外汉语教学的课程设置

第二语言教学的课程设置作为教学设计的一个重要部分，是实现教学目标、分解教学内容的主要途径，任何一种具体的教学形式都有自己独立的一套课程设置。我们在此主要是从总体层面归纳分析对外汉语教学课程的基本类型以及课程设置的一般性特点。

第二语言教学的课程一般包括语言课、语言知识课、翻译课、文学课、相关文化知识课等几个大的类型。这是课程类型总的范围，在具体的教学设计中并不一定一一对应设置。事实上，大多数第二语言教学的教学类型或教学模式，在教学设计和实际运作中的课程主要以语言类课程为主，是把语言课具体分解为具有不同侧重点和不同功能的教学或学习科目，有学者称之为"课型"。这样的区分符合一般教学论对课程的认识，反映了第二语言教学的课程与其他学科课程的不同特点。对外汉语教学的课程类型实际上是指课程内容的性质或课程功能，包含课程和课型两个不同的层次。其主要有以下几种类型：

1. 综合课

综合课是把语言要素、文化知识、语用规则的教学和言语技能、言语交际技能的训练等各项内容综合起来，培养学生综合运用语言能力的课程。课程内容具有全面综合性特点，一般作为基础课或主干课设置。

2. 专项技能课

专项技能课是以训练某项言语技能和言语交际技能为主的技能训练课，培养学生的专项技能。课程具有专门性特点，一般都作为重点课程设置，甚至有些教学形式还作为核心主干课设置，如口语课、听力课等。

3. 专项目标课

专项目标课是一种有专门的教学目标和专项教学内容的特殊课程，重在培养学生在特定领域、特定方向的技能或能力。这类课程设置比较灵活，一般作为教学中的补充课程设置，如新闻听力课、报刊阅读课、应用文写作课等。

4. 语言知识课

语言知识课是系统讲授语言知识的一类课程，包括语音、词汇、语法、修辞、文字等内容。这类课程重在培养学生了解语言、分析语言、研究语言的语言学能力，在专业教学或较长期限的进修教学中可以作为正式课程或选择性课程设置。

5. 翻译课

翻译课是对两种语言进行对比和对译的一类课程，重在培养翻译能力和翻译技巧。这类课程要根据不同的语种分别设置，一般列为选择性课程。

6. 其他课程

其他课程包括文化知识课、文学课、语言实践活动等。一般作为选择性课程设置。

在课程设置上，对外汉语教学具有明显的课程整合性特点。大多数教学形式均以汉语综合课为主干核心，以专项技能课为重点，采用分技能设课的方式。各课程之间具有较明显的横向联系，在课程目标、课程内容、课程教学要求上具有共同的指向性，以便学习者通过不同途径获得汉语交际能力。前面谈到的专业教育的基础教学阶段和非学历教育的进修教学各形式都采用这样的课程设置方式。对外汉语教学也体现出螺旋式组合的顺序性特点。不少教学形式，尤其是短期教学，都要在不同阶段或不同等级使课程内容重复出现，但要逐渐扩大范围和加深程度，使其符合语言学习和认知的特点。此外，对外汉语教学的课程设置同其他课程设置的基本准则一致，也注重课程内容的直线连续性，尤其是一些知识类课程，在不同的教学阶段组成逻辑上前后联系的直线，以避免不必要的重复。

三、对外汉语教学的课程研究

对各类课程的研究，是对外汉语教学研究中最广泛的课题之一。许多学者的研究涉及综合课、专项技能课和其他各类课程，并深入对各教学阶段的课程特点和一些实验课程的研究。这些研究对课程的任务或目标、课程的内容特点、课程的实施以及课程的评价都做了比较全面细致的分析。归纳起来，人们对对外汉语教学的课程研究有以下共识：

1. 综合课的技能培养倾向

综合课，也称为精读课。传统的综合课以培养学生的语法意识和使学生系统掌握语法知识为主要目标，现代综合课则具有明显的技能培养倾向。综合课的特点在于它的综合性，综合性既体现在教学内容上，也体现在技能训练方式上。传授语言知识和规则可以看作综合课的首要任务或基础性任务，但它的核心任务还是语言技能的训练，是以听说技能为重点，包括听、说、读、写各项技能的综合训练。综合课中知识教学和技能训练的比例也明显偏向于后者，而且语言知识的教学也越来越情景化、功能化、交际化，与技能训练合而为一。

2. 专项技能课的微化训练倾向

技能就是语言的听、说、读、写能力。传统的技能训练是通过不同的语言材料以及材料的输入方式和练习形式体现的。随着对言语技能的深入研究，技能的细化分解成为可能，专项技能课越来越倾向于针对各项能力的微技能训练。微技能训练就是把各项言语技能划分为更小的微技能，通过对其中一些主要微技能项目的逐一训练和对相关微技能项目的组合训练，促进该项技能的整体提高。微技能训练在以接受能力为特征的听力、阅读技能课中应用得更为广泛，由于对听力理解和阅读理解的微技能研究比较成熟，课程的微技能训练也更加系统。以创造性能力为特征的口语课、写作课也越来越多地采用类似的训练方式。

3. 各类课程的口语交际能力中心化倾向

口语交际能力中心化倾向是指各类课程大多以口语交际能力为出发点或落脚点。对外汉语教学虽然突破了单一课型的局限，实行分技能设课，同时课程门类根据教学的需求也在不断丰富，但各类课程大多将课程目标具体地指向口语交际能力的培养。这些课程或以口语交际能力为教学重点，或采用口语与其他知识和技能结合教学的方式，各项练习也大多集中于或最终落实到口语练习上。不少学者指出，口语教学是对外汉语教学的主要内容，口语交际能力的培养占据对外汉语教学的中心地位，课程教学必须体现这一原则。对外汉语教学形成这样的课程倾向是由学科的性质和特点决定的。

4. 课程的活动化倾向

课程的活动化倾向体现在课程内容的活动取向、课程教学的活动化方式以及活动性课程的设置等方面。语言学习的特点决定了课程除了要向学生呈现内容以外，更重要的是让学生积极参加语言活动，通过一系列有意义、有计划的活动提高语言的应用能力和实际交际能力。对外汉语教学的课程特别注意与实际生活的联系，注重学以致用、学用平衡，强调学生在学习中的主动性。许多学者的研究表明，不少课程中的活动项目比例明显提高，课程教学中的任务活动方式也极其有效，一些教学形式还直接安排了以语言交际活动为特点的课程。

5. 课程的教材一体化倾向

课程与教材的关系是对外汉语教学课程研究中受到广泛关注的一对关系，课程不仅体现为具体的教材，而且深受教材水平的制约，课程与教材的一体化趋势越来越明显。许多学者研究课程是通过研究课程所使用的教材进行的，许多教学形式的课程设置也重点考虑教材的教学效果和教材的适用程度，教学设计人员、教育者和学习者对教材的关注也远远超过对课程本身的关注，不少新设课程和新的课程教学模式，包括听说课、视听说课、实况听力课等，都是通过教材的确立普及推广的。

6. 课程的规范化倾向

课程的规范化倾向是对外汉语教学课程研究的一个特殊研究成果，也是对各类课程研究成果的一个全面性总结。有关这方面的问题我们将在下面的内容中进一步探讨。

四、对外汉语教学的课程规范

课程规范是对外汉语教学步入科学化、标准化、规范化的产物，也是对外汉语教学课程进一步研究深化的结果。任何一种教育科学，都会经历从经验到规范、再从规范升华到科学个性化的不同阶段，课程规范的出现表明对外汉语教学课程已经走向成熟。

所谓课程规范，就是对课程本体和课程实施这两部分内容的规范。其中课程本体部分包括课程的性质、课程目标、课程内容；课程实施即课堂教学，是指课程的教学环节、课程的教学步骤和课程测试等过程。课程规范是在总结课程研究成果和课程教学经验的基础上，对现行课程和课程教学的一种新的认识，它源于教学又高于教学，体现了教育者对教学的质量追求。作为一种教学规范，它对课程实施具有指导性和规约性，是所有相关的教育者需共同面对和遵守的规律。同时，作为一种教学范式，它必须体现语言教学和语言学习规律并具有良好的教学效果，教育者或学习者通过课程规范应当能使教学或学习获得更高的成效。此外，课程规范还应具有广泛的应用价值和可操作性。因此，科学的课程规范可以说是教学智慧的结晶。

现行的课程规范主要包括以下几部分具体内容：

（1）对课程性质及课程特点的规范，主要是为课程定性、定位，阐述课程的一些基本的或主要的特点。

（2）对课程目标和课程教学要求的规范，主要是规定课程的教学目的和课程的具体任务，明确课程在知识、技能、能力等各个项目上的具体目标和教学要求。

（3）对课程内容的规范，主要是从语言要素、语用规则、技能、话题、知识等不同角度确定教学内容，并明确教学的重点。

（4）对课程教学环节和教学方法的规范，主要是对课程教学的基本的或主要的环节提出具体的建议，并对每个环节的教学提出具有典型意义和广泛适应性的方法。

（5）对测试进行规范，主要是对测试原则、测试方式和成绩评定方式进行规范。课程规范一般还针对该课程的某个或某些具体教学单元提供参考教案。

课程规范的一个重要问题就是教学的个性化和共性化的平衡处理。课程规范实质是对课程及其实施进行的标准化、程序化设计，具有忠实执行和精确实施的取向。但任何课程设计，最终都是通过具体的教学工作才得以完成的，课程实施实际上是教育者和学习者对课程的个性化处理过程。因此，制定课程规范时，教师的参与和对学生的针对性研究是必需的。

"课程规范"概念的提出是对外汉语教学实践的一个创举。在大多数第二语言教学理论研究和教学实践中，"课程规范"要解决的问题都体现在课程设计和课程教学大纲中。这也从反面说明我们对对外汉语教学课程设计和课程教学大纲研究的不足。

第二节 对外汉语教学课程之间的关系

一、语言技能课与语言知识课

语言教学在汉语言专业教学中处于主体地位，汉语言课程是该专业的主要课程。汉语言课程又分为语言技能课与语言知识课。这两类课型的关系到底怎样呢？

（一）语言与言语

这是一个老生常谈的话题，几乎所有的语言学、语言教学论著中都要提起。但至今，在落实到课程设计、课程内容、教材编写、课堂教学等诸多方面仍然存在不少问题。原因之一还是对两者的关系缺乏透彻的认识，或理论上解决了，但实际当中没有贯彻始终。

一个汉语言专业的外国学生，汉语是零起点水平，但在四年中要完成专业学习的全部内容。在这样一个大前提下，其"语言学习"内容与母语语言专业的学生有何区别呢？这个问题不认识清楚，"学习语言"的教学方向就摆不正，课程的定性与定位就难以正确与科学。

语言是语言学家研究的基本对象。从古到今，不知有多少语言学家在努力揭示其本质特征。对于语言的定义，语言学家、人类学家、社会学家、心理学家、哲学家、文学家、计算机专家都从各自的视角出发，给出了不同的解释。就语言学家本身，结构主义语言学派与转换生成语言学派的看法，也大相径庭。前者认为语言是一套习惯，后者则认为语言是一套转换生成规则。而对于我们——语言教学工作者，不仅要弄清"语言"的概念，还应当将笼统的"语言"具体化，把结构形式意义上的"语言"与实际运用意义上的"言语"区别开来。在这一前提下，语言是由语音、词汇、语法构成的规范系统，是言语活动的社会部分，不受个人意志的支配；言语则是个人使用语言这一工具进行交际的过程，是个人的心理现象，是对特定语言的具体运用。从学习角度观察，掌握语言与掌握言语的途径、方式大不相同。语言既可以通过自然习得，就像儿童习得母语，再在这一基础上逐步掌握语言规范；也可以通过理论学习，专门掌握这种语言的系统知识。但是言语的获得只有一个途径，就是通过言语活动，在实践中逐步掌握。

语言与言语的区别使我们明白，对于一个将汉语作为外语学习的汉语言专业学生，"学习语言"实际上主要是掌握言语，而不是形式意义上的语言。

（二）语言技能与语言知识

技能是顺利完成某种任务的活动方式，包括心智活动方式。有一种观点认为，知识在实践中运用就成为技能。这种解释把技能说成是由知识变来的，显然不符合实际。知识本身不可能转化为技能，因为技能是完成一定行动的方式，因此，只能以相应的行动为基础。我们获得了有关游泳的知识，对学习游泳可能有些帮助，但游泳的技能不是从知识变来的。实际上许多人是在完全没有游泳知识的情况下学会游泳的。对培养技能来说，知识只能起促进作用，不能以掌握知识代替技能。总而言之，实践是语言能力形成的先决条件。一个学习外语或第二语言的学生，在课堂上如不经过操练过程，就不可能掌握这种语言的听、说、读、写技能。基于这种认识，将汉语作为外语学习的汉语言专业必须开设语言技能（实指言语技能、言语交际技能）课程，而且这类课程必须以训练为主、讲授为辅。当然，"训练"二字只能给这类课型以基本定性，而实际内容要复杂得多。

那么语言知识在语言能力获得上起什么作用呢？一个人掌握了母语，实际上就会不自觉地掌握母语形式所表达的认知、情感和社会文化意义。在实际交际中，就能直觉地理解语言形式所表达的社会功能，而且理解语言形式服从功能。在运用母语时，尽管注意力不在形式上，但一定是在下意识地应用母语规则。作为学习外语与第二语言的成年人，是可以把这种"不自觉的过程"变成"自觉过程"的。尽管语言知识在言语技能的掌握上不起决定性作用，但能够起到帮助及推动作用。因此语言技能课程中适当地传授语言知识也是必要的。

作为汉语言专业的学生，能够熟练运用汉语还远远不够，技能熟练程度不是大学本科教育的唯一标准，知识结构的完整、理论水平的高低等素质要求也是重要的方面。而在这些"重要方面"里，对于汉语言专业，应当先考虑的是汉语言理论知识。语言理论知识是人们对客观存在的语言现象经过长期分析、综合、比较、抽象、概括而形成的，它是对语言本质与规律的揭示。科学的合乎规律的语言理论知识不仅对运用语言有所帮助，而且对人的思维能力、理解力、判断力均有极大的作用。一个汉语本科生不仅应当学会运用汉语，而且应当站在理论高度去认识这种语言。由于语言理论知识是从语言实际中提炼出来的基本概念、基本原理，要想达到真正掌握，必须通过理解消化的过程。因此我们说，语言理论知识课应当以讲授为主、练习为辅。

（三）语言运用能力的层次性

1. 掌握语言技能的层次

（1）领会式掌握，表现为对言语的感知和理解。当人能听懂（听觉领会）或读懂（视觉领会）言语时，表明他已达到领会式掌握言语技能的程度。

（2）复用式掌握，表现为能够再现感知并掌握某些语言材料。例如，能够利用背熟的语言材料讲或写，但说和写的内容还不能按主观要求自由地表达，这是复用式掌握。

（3）活用式掌握，表现为能够不依靠背熟的语言材料而是比较自由地创造性地运用所认识和再现的材料进行说或写。

这是从心理学和语言学习的角度来分析语言技能的层次性。

2. 在语言技能的基础上，交际能力包含的内容

（1）语言学能力（包括语音、词汇、语法、语义知识和听、说、读、写技巧）；

（2）社会语言学能力（包括功能、意念、场合、社会地位、性别、身份、心理因素、行为语言、语体等）；

（3）话语能力；

（4）交际策略（包括解释、迂回、改正、重复、犹豫、回避、猜测、语体转换、代码转换等）。

这是站在交际能力的高度分析语言运用能力的层次性。

3. 高层次语言运用能力

（1）掌握语言材料数量大。例如，词汇从掌握3000词到5000词，最终达到8000词或8000词以上（也有人认为起码应达到20 000词）。语法从掌握词法、句法到语段、篇章结构规则。

（2）使用语言的能力强。即单位时间理解与表达速度快、密度大、篇幅长。

（3）活用语言的能力高。在不同场合与不同对象交际，言语表达得体自如，文化含量高，语体意识强。这是从汉语言专业本科教育对语言运用能力的要求角度来描写的。

总而言之，语言运用能力是有层次的。那种认为技能训练是低层次的，知识传授才是高层次的认识是失之偏颇的，因而我们主张汉语言专业的语言技能课从一年级一直开到四年级。每个年级在不同等级要求下进行层次上的叠加或循环递进。拉尔夫·泰勒解释说，在社会学科中，如果认为培养学生阅读社会学科方面的材料的技能是一个重要的目标，那么在课程安排上，必须使学生有机会反复地、连续地练习这些技能，从而掌握这些技能。这就意味着要让学生在一段时间内连续操练同样的技能。我们所设的语言技能课无论是综合课还是专项技能课，实际上就是从学生掌握语言技能这一学习过程的客观规律出发连续开设的。每门课又按顺序性原则，把每一后继经验建立在前面经验的基础上，同时又对有关内容做更深入更广泛的探讨。正如拉夫尔·泰勒所说的，培养学生阅读技能的顺序，包括提供逐步复杂的社会学科的材料；逐步扩大阅读这些材料时所涉及的技能操作的广度；逐渐增加分析的深度，使后一年级社会学科的教学计划，不仅仅是重复前一年级已涉及的那些阅读技能，而且要对这些技能做更广泛更深入的处理。我们在本科四年中尽管是连续性开设语言技能课，但同时又是按照语言运用能力的层次要求，逐级提高，程度逐步加深，从而严格地遵循了顺序性原则。

（四）语言理论知识的系统性

汉语言理论知识课的设置与技能课有所不同，它是以语言结构系统设课，设立语音、文字、词汇、语法、修辞课程，而每一门课程又按着这一学科的内在系统进行编排。当然在强调系统性的同时，兼顾外语学习特点，有针对性地解决语言学习中的难点、重点。这种课程编排大体上符合顺序性及整合性原则。

汉语言专业的基础课程是汉语言技能课，按语言技能本质及掌握技能的过程特点设置课程，从一年级一直开到四年级。这类课以训练为主、讲授为辅，结合言语要素、有关文化内容及语言知识的展示与传授进行听、说、读、写、译各专项技能及综合技能训练，教学目的是为了提高学生运用语言的能力及语言文化的感知能力。汉语言理论知识课既带有基础性又体现专业性特点，这类课程是按语言本体理论知识体系设置的课程，以讲授为主、练习为辅，教学目的则主要是为了认识现代汉语，掌握基本的现代汉语系统知识。由于两类课型的目的、任务、性质、方法不同，课程组织原则也有所不同。

二、综合课与专项技能课

（一）设课根据

1. 言语技能的共性

听、说、读、写是人类运用语言必不可少的四项技能，这四项技能互相联结、互相影响。听、说是口语的运用，读、写是笔语的运用。听、读是领会理解技能，是对信息的输入；说、写则同属于表达技能，是对信息的输出。听、说、读、写是相互依存相互对应的关系，缺少任何一方都不可能实现比较充足的言语交际功能。在人们运用语言时，除直接相关的感官处于最积极状态外，其余器官也在活动，大脑处于兴奋状态。例如，当人们在进行写的活动时，不可能只是手在动。

听、说、读、写的共性还应从人的言语技能形成过程来认识。没有输入就不可能输出；不经过听力训练就不可能发展说的能力，不经过认读就不可能写。反过来说，写不仅能检验听、读，而且可以促进听、读能力的提高。人类母语的形成，是先有听、说能力，在听、说能力的基础上形成读、写能力，读、写能力一旦形成，反过来又促进听、说能力的继续发展。听、说、读、写能力就是在相辅相成、交互发展的过程中得到提高的。

对于学习外语的学生来说，目的语与母语的相互转换就构成了一种新的言语活动——翻译。思想内容在两种语言上的转换是通过听、说、读、写言语技能完成的。因此，翻译与听、说、读、写四项技能是分不开的。

听、说、读、写、译，各项言语能力的共同核心是思维能力。说和写的过程，实际上是对客观事物在感知的基础上进行思维加工，形成对客观事物的认识，并把这种蕴含着知识、思想、情感因素的内容表达出来。而听和读也不是被动的，是需要经过积极的思维活动、理解、消化才能掌握的信息。而翻译则需要将两种语言体系通过在大脑中比较、分析、综合等更为复杂的思维过程才能够完成。如图 3-1 所示：

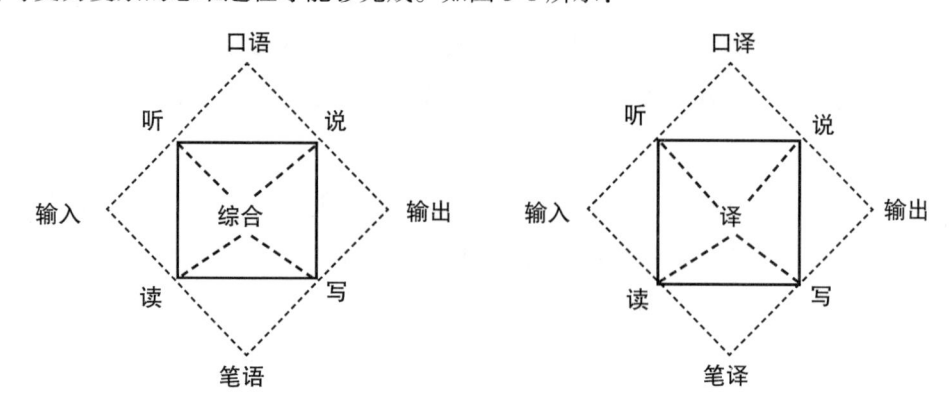

图 3-1　翻译中各项技能的相互关系

总之，听、说、读、写、译这五种技能对汉语言专业的学习来讲，没有一种言语技能可以独立存在。它们是互相联系、互相依存、互相渗透、互相补充、互相促进的关系。基于这种认识，开设一门综合课，将各种技能综合起来进行训练，是完全必要的。从语言教学的角度看，在最能体现言语技能共核关系的综合课中，也最方便将技能训练所必需的基础材料——语音、词汇、语法等，相对系统地提供出来。这就是为什么要设置一门综合课的理论根据。

2. 言语技能的个性

听、说、读、写、译这五项技能尽管存在着共性，但毕竟有着质的区别。在生理、心理方面表现出诸多不同，形成过程的途径与规律不同，在对语言各要素的要求上也不尽相同。

听，主要是借助听觉器官，感知外部的声音信息，属于听觉领会。读，主要是借助视觉器官，感知外部的文字信息，属于视觉领会。两者都必须经过内部理解、编码，但主要是接受和解码的过程。而接受、解码的感知器官与对象完全不同。说、写同是表达、编码过程，两者运动机理正好与听、读相反，而说、写所用的运动器官不同，前者表达出来的是声音，后者表达出来的是文字。译是对两种语言的转换，其不同点更为明显。

儿童学习母语，听、说、读、写几项技能有先后顺序。成人学习外语虽然已经具备了母语基础，智力已充分发展，可以同时开始学习几项技能，但由于几项能力形成的途径与规律不同，没有对目的语的感知与理解，就不会具有对这种语言进行再现表达的能力。因此我们说第一步是领会式掌握，然后才能进行翻译训练。

各项言语技能对语言要素的要求不同，有的侧重语音、语调、重音、节奏，有的侧重文字，有的侧重词汇，有的侧重语法，有的则侧重功能。

总而言之，根据五项技能的本质特征，采用不同的方法训练不同的技能，"对症下药"，起码分别做到以听的活动提高听力，以读的活动提高阅读水平，以说的活动提高说话能力，以写的活动提高写的能力。当然不只是这样简单，采用的训练方法必须有针对性。按技能设课教学既有利于各项技能得到均衡发展，又可以针对部分学生的特殊需要侧重某种技能的训练，加强针对性，取得最佳的训练效果。汉语是有声调的语言，声调具有区分词义的作用。汉字是世界上独具特色的文字，它是表意性质的文字，因此汉语技能训练的针对性特点更为突出。

（二）两类课型关系

综合课围绕语言基本要素与相关文化内容进行听、说、读、写综合性训练，培养学生综合运用汉语的能力，这门课有融合性特点，处于主干、基础地位，是各专项技能课的纽带与核心。

专项技能课围绕某项技能所要求的语言要素与相关文化内容进行专项技能训练，以达到专项技能的提高。每门课突出一项或两项技能，使其向纵深发展。专项技能课在初级阶段既有相对的独立性，又受到综合课的制约，处于配合性位置上；到中高级阶段，该课程的独立性特点便突显出来。

三、语言课与文化课

关于语言与文化，有许多中外学者进行过研究和解释。如果我们从汉语言专业课程编制的角度来看待两者的关系，采取这样的说法也许更合适，即语言是文化的一部分，语言是文化的载体，文化是语言的底座。从这一角度来认识文化时，下列叙述的一些特性尤为重要：

（1）文化是人类所独有的，文化是社会遗产；

（2）文化是通过学习获得的；

（3）世界观是文化的核心；

（4）语言是文化的重要组成部分；

（5）文化是多元的、变化的、相互渗透的。

有学者在阐述外语教学目的时强调其目的可分为三个层次，即微观层次——语言能力；中观层次——语言交际能力；宏观层次——社会文化能力。他们对社会文化能力做这样的解释：社会能力即运用已有的知识及技能有效地加工社会文化信息，使人格向更加整合、潜能发挥更充分的方向发展。

从知识角度看其构成，如图3-2：

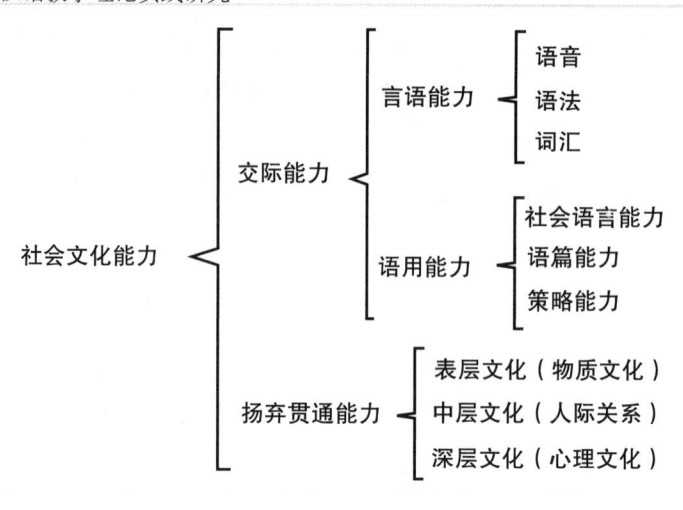

```
                             ┌ 语音
                ┌ 言语能力 ┤ 语法
                │            └ 词汇
      ┌ 交际能力┤
      │         │            ┌ 社会语言能力
      │         └ 语用能力 ┤ 语篇能力
社会文化能力┤                 └ 策略能力
      │
      │                   ┌ 表层文化（物质文化）
      └ 扬弃贯通能力 ┤ 中层文化（人际关系）
                       └ 深层文化（心理文化）
```

图 3-2　社会文化能力的知识构成

从技能角度看其构成，如图 3-3：

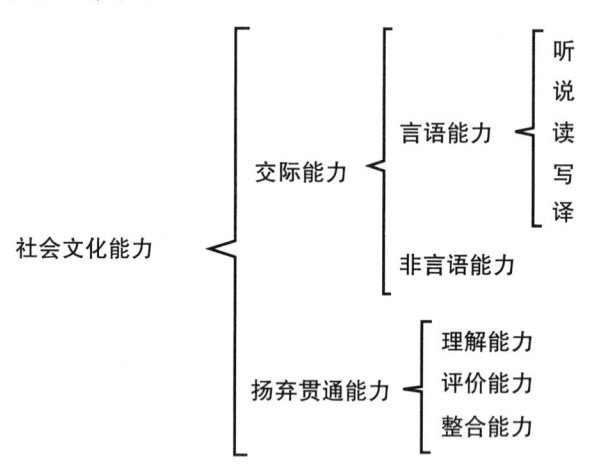

```
                             ┌ 听
                             │ 说
                ┌ 言语能力 ┤ 读
      ┌ 交际能力┤           │ 写
社会文化能力┤              └ 译
      │         └ 非言语能力
      │
      │                   ┌ 理解能力
      └ 扬弃贯通能力 ┤ 评价能力
                       └ 整合能力
```

图 3-3　社会文化能力的技能构成

　　对一个外语学习者来说，社会文化能力的三个部分是相对独立而又互相联系、互相影响、互相补充的。如果只有语言能力而缺少另外两种能力，那么语言就只是空空的形式外壳，人就只是会说外语的工具；若只有语言和语用能力而缺乏贯通能力，那么学习者充其量可以算个完美的模仿者，最多是能将目的语文化的语言及行为模仿得惟妙惟肖而已。只有完全具备了三种能力，学习者才能够通过文化学习使自己的人格主体变得更充实、更完整、更深刻、更富有创造性。

　　由于语言与文化的特殊关系，在语言技能与交际技能的培养中，文化因素起着极大作用，文化渗透在语言运用的各个层面。一定规模的语言单位所包含的内容往往表现为某种文化的信息，而越往高的程度发展，语言的文化含量就越大。因此提高运用语言的能力，除了语言材料的进一步丰富，掌握更多更复杂的语言形式外，很重要的一点就是要以文化含量高的内容进行充实。因此语言教学与文化密不可分。

一个学生社会文化能力的最终完成单单依靠语言课程、语言课程中的文化还远远不够，要想具备理解、评价、整合能力，没有一定的知识结构的基础是达不到的。本科教育要求学生在基础理论、基本知识、基本技能上达到一定的水准，形成较高的素质，必须专门开设知识理论课程。汉语言专业教育以汉语为目的语，中国文化理所当然是学生学习的目的语文化。那么中国政治、经济、历史、地理、哲学、文学等基础理论、基本知识便成为这些课程的主要内容。

在我们阐述语言与文化课的关系时，还应当考虑学习者的情况。学生汉语能力起点是零程度学习，但汉语以外的起点则是在高中及高中以上水平，学生学习中国文化知识要通过汉语来学习，这些实际情况在我们编排课程时就不得不考虑。

现在让我们总结一下语言课与文化课的关系：

（1）在语言课中应注意与文化内容的逐步结合。在语言技能训练过程中要有意识地加深学生对文化的理解，增强学生对文化差异的敏感性。在语言知识讲授中要体现文化要素对语言的影响。

（2）在文化课中既要不断丰富学生的社会文化知识，又应注意学生的语言接受水平。在编排文化课及文化课的讲授时，既要按照这一学科的自身特点，又要从学生文化及语言的接受能力出发进行安排。

（3）语言课以语言教学为主，文化课以文化教学为主，语言与文化的融合，两者之间要掌握适当的度。教学时间是个定数，在语言专业中应体现语言教学的中心地位，但文化教学也是不可缺少的。因此，在不同教学阶段应逐步增加语言课的文化因素和文化知识课程。

四、课堂课程与课堂之外的课程

课程是有明确目的、有组织的教学活动。当前正规学校的本科教育课程主要是通过课堂教学来实现的。但课程并不是以课堂教学为界限，课堂教学以外的有目的、有组织的教学活动也是课程的有机组成部分。

在汉语言专业课堂之外的课程有四类：

第一类是某一课程在课堂之外的教学活动。它是这门课课堂教学的延伸及补充。语言技能课、语言知识课、文化课都可以组织课堂以外的教学活动，尤以语言技能课更突出。例如，口语课的演讲比赛、朗诵会、辩论会，新闻报刊类课程组织学生去农村、工厂、商店进行采访，地理课让学生参观山水名胜等，这些有目的有计划有安排的教学活动，都是课堂教学社会化的延伸和重要补充部分。这些非课堂的教学活动，学生亲自参与的机会比在课堂上大得多。他们在社会实践中目睹的情景比课本上的枯燥文字更有说服力。这些社会实践活动弥补了课堂教学的不足，是整个课程计划的有机组成部分。

第二类是完全以课堂之外形式组织的课程——社会实习。这种课程有它独特的价值，从教学目的、内容到环节都自成体系。我们应当把社会实习看作整体课程编制中的重要组成部分，它是实现宏观教育目标不可缺少的一环。社会实习安排在高年级一个时段进行，让学生在校外的社会大环境中去进行参观访问、座谈讨论、考察游览，让他们充分享受运用汉语进行交际的乐趣，并感受中国的社会文化、历史、经济、风俗。每个学生在实习之后均要写实习报告。社会实习与课堂教学的形式与效果明显不同。社会实习是学生直接参与的过程，更突出以学生为主体。社会实习的实践性更强，不仅是听、说、读、写、译的综合，也是思想情感、知识与技能的综合。从某种意义上说，社会实习不仅是课堂教学综合性的延伸，而且也是对整体课堂教学的检验。

第三类是毕业论文。毕业论文撰写、答辩设置在本科学习的最后阶段。它既是对学业的总结、提高，也是对学业的考核与检查。之所以将它列为课程，是因为毕业论文撰写、答辩的过程符合课程的基本要求——目的明确、计划性强，每一位学生均有专门教师指导。它同样是本科教学中不可或缺的环节，毕业论文合格，将取得一定的学分。

第四类课程即课外活动。它是对正式教学课程的补充，对学生知识、能力、素质的全面提高大有好处，这种课堂之外的活动也应列入教学计划中去。有些教育学家把课外活动称为"隐性课程"。课堂课程只是指导学生整个学习过程的一个部分，课堂之外的时空为学生的全面发展提供了广阔的天地，这是教育工作者、课程设计者不应忽视的问题。如"汉语俱乐部"活动，书法活动，京剧、歌舞、球赛等活动，都对学生的身心健康、知识发展大有益处。当前的问题是，人们对这一类活动缺乏认识，没有明确的目的与周密计划，因此投入不够。我们应当把它当作课程来对待，充分利用课堂之外的宝贵资源，将其纳入有效的教育系统中。

第四章　对外汉语课堂教学及评估

第一节　课堂教学活动研究概述

今天的对外汉语教学事业向我们广大的语言教师和研究人员提出了一项紧迫的任务，就是大力开展对外汉语教学的理论研究。本节专门提出开展课堂教学活动的研究，是因为课堂教学是我们教授语言的主要阵地。在总体设计、教材编写、课堂教学和测试这四大环节中，课堂教学是中心环节，其他环节都必须为课堂教学服务；课堂教学活动也是我们对于语言规律、语言学习规律和语言教学规律认识的集中体现。

过去我们对课堂教学本身并不是没有进行研究，有些研究虽然也提出了一定的理论依据，但是对所依据的理论是否符合实际，并不是都很有把握。实际上我们最薄弱的还是基础研究，如至今还没有把课堂教学活动本身作为调查对象，没有弄明白课堂教学"究竟如何如何"。我们提出开展课堂教学活动的研究，就是要调查课堂上教师和学生的实际表现以及这些表现的前因和后果，以便确定是哪些因素对教学效果产生影响以及产生什么样的影响，从而帮助我们去控制这些因素。这方面的研究带有综合性，属于基础理论研究，其研究成果对大纲制定、教材编写、课堂教学方法和手段的选择以及教师培训等，都可提供坚实的理论基础。由于课堂教学活动本身的复杂性，这种调查研究工作自然是很艰巨的，但是要使对外汉语教学真正走向科学化，这样的研究就非进行不可。

一、开展课堂教学活动研究的必然性和必要性

开展课堂教学活动的研究可以说是世界范围内第二语言教学研究发展的必然。

随着语言教学技术手段和方法的不断创新，产生了一些新的教学法。为了对这些方法进行评价，研究人员和语言教师便开展了一些对比实验，将各种教学法在不同的课堂上加以试行，通过一段时间（通常为两年），再比较各种方法产生的结果。令人失望的是，其结果显示各种方法产生的教学效果稍有甚至没有什么不同。产生这种结果的原因是多方面的，而对于研究人员来说，一个根本的问题是他们未能把这些教学方法在课堂上应用的实

际情况记录下来。

要建立对外汉语教学这门新学科，我们必须从现在起加强基础理论研究。可以把课堂教学活动的研究作为一个突破口，逐渐向外延伸。

二、当前第二语言课堂教学活动研究的主要方面

在讨论课堂语言教学活动研究时有必要先区别两种课堂，即第二语言课堂（Second Language Classroom）和外语课堂（Foreign Language Classroom）。第二语言课堂是指这种课堂的大背景是目标语社团，学生走出这种课堂仍处在这种语言的环境之中，如在中国的汉语课堂、美国的英语课堂、日本的日语课堂等。外语课堂指的是这种课堂的大背景是非目标语社团（往往是母语社团），学生走出这种语言课堂便离开了这种语言环境，如在中国的英语课堂、美国的日语课堂、日本的汉语课堂等。这种背景对语言课堂的影响是不能低估的，因此在调查语言的课堂教学活动时必须充分注意二者的差别。目前课堂语言教学活动的研究主要集中在第二语言课堂。

第二语言课堂教学活动的内容非常广泛，研究的题目几乎是无穷无尽的，当前研究工作者和语言教师的兴趣集中在以下几个方面：

1. 教师的言语

教师的言语指的是教师在课堂上所说的话。大家之所以对教师的言语感兴趣，与克拉申提出的颇有影响的"输入假说"的理论有关。一个人要学习一种语言，如果没有这种语言的输入是不可能的。语言输入是习得一种语言的必要条件。课堂语言教学和课外语言自然习得的一个很重要的差别就在于语言输入的不同。学习者课堂外接收到的语言输入是来自多方面的，是零乱的；而课堂内接收到的语言输入则主要是教师的言语。克拉申认为对于学习者来说，只有可理解的语言输入才能对其有帮助。课外的语言输入是难以做到这一点的。教师的主要任务之一就在于为学生提供在课外难以得到的语言输入。至于课堂内所传授的语言知识如语法规则的作用，克拉申的解释是并不是这些语法规则本身帮助学生提高了他们的语言水平，而是讲授这些规则的过程（学生要听懂教师的讲解和记笔记等）促使他们吸收了大量的可理解性输入，从而提高了语言水平。

克拉申的理论引起了很大的争论，课堂上教师的言语由此受到了人们的关注。现在对教师言语调查的比较多的是：教师课堂上对学生的言语与他在课外说的言语有什么不同？如果提供给学习者的言语必须是可理解的，那么是什么因素使教师的言语适合不同程度的学生？为了弄清这些问题，研究者们对教师言语的语速、句式、语用项目等的选择和使用做了调查，试图在调查的基础上弄清教师的言语对学生语言水平的影响。不过迄今为止还

没有什么满意的结果。

2. 学习者的行为

在调查学习者的课堂行为时有一个基本的指导思想，就是在课堂上学习者不是被动的而是主动的。在语言教学活动中学习者对教师提供的输入不是像海绵似的全部吸收，而是有选择地吸收。换句话说，教师提供的"输入"不等于学习者的"纳入"。与这一问题相关的是学习者有意识注意与无意识注意的作用。下面是笔者在课堂上记录下来的例子：

学生1：我生日的时候很多人给我带来礼物。

教师：我生日的时候很多人给我带来了礼物。

（加进了一个"了"字）

学生2：开学的时候老师给我们带来新书。

教师：开学的时候老师给我们带来了新书。

（加进了一个"了"字）

学生3：进步给农民带来了提高的工资。

学生4：这篇课文给我们带来了许多麻烦。

学生5：京剧给我们带来了头疼。

上例中，学生1和学生2的句子中均缺少一个必须有的时态助词"了"，教师没有明确指出，而是在重复学生的句子时补充进去了。值得注意的是在教师这么两次补充后，接下去后面的几个学生都自觉地用上了"了"字，尽管有的句子有其他毛病。我们不能说前面两个学生不会用"了"而后面的一些学生会用，而是后面的学生从教师的修正中得到了启发。这说明学生是在不断地对比教师和学生的言语。那么这种比较是有意识的还是无意识的？这个例子后面所隐藏的东西是值得思考的。

研究者们对学习者课堂上的行为的调查集中在：他们的语言产物，即他们说出的话；引发输入，即通过打开话题，通过提问从对方获得所需要的语言输入；同其他学习者的相互交谈，以及学习者的学习策略等方面。其目的是要回答以下问题：课堂上学习者有哪些行为特点？是哪些因素在影响学习者的课堂行为？这些行为与学习的结果有什么样的关系？所有这些问题目前仍处在调查研究之中。

3. 教师与学生的相互应对

课堂内教师与学生、学生与学生的相互应对一直是课堂语言教学研究的重点。这是因为在课堂教学活动中教师并不是一统天下，学习者的参与占有重要的地位。课堂教学过程在某种意义上是教师与学生为完成预定的项目的互相协商过程。许多研究者和教师认为，教师和学生之间的交谈为学习者分解目标语结构、检验他们对目标语所做的假设、将目标语结构变成自己的言语,以及得到有用的反馈提供了最好的机会。现在这方面的研究比较集中在教师的课堂提问、角色轮换、课堂的反馈等方面。

教师提问在课堂上一般使用得很频繁,这是课堂上常见的"教师提问——学生回答——教师评价"这种小循环的第一环,其目的在于引起学生的注意,或是促使学生做出言语反应。角色轮换指的是交际过程中说话的角色由一个说话者转为另一个说话者。角色轮换的调查可以为我们了解学习者的个性特点和文化背景对语言学习的影响提供许多有价值的材料。反馈包括教师对学生问题的反馈,学生对教师问题的反馈。在这方面研究得最多的是所谓教师的纠错。

整个课堂教学实际上是教师与学生、学生与学生相互作用的过程,这里边涉及的范围很广,但目前的研究仍然是不系统、不全面的。

三、第二语言课堂教学活动的研究方法

第二语言习得研究是一个跨学科的领域,它涉及语言学、心理学、教育学、人类学等多种学科。由于这个领域自身的复杂性,研究人员的研究目的和对象的不同,其研究方法也是多种多样的。不过概括起来可以分为三类:定性研究、描写研究和实验研究。

所谓定性研究是一种自然的、不加控制的、启发式的研究而不是演绎式的研究。换句话说,进行定性研究时研究人员对被研究对象事先没有什么假设,研究的目的就是尽可能全面、客观地观察研究对象,在观察的基础上提出假设,因此观察是其主要手段。与之相反,实验性研究则旨在论证假设,因此定量分析是其主要手段。描写研究则介于定性与实验性研究之间,它既可用于提出假设也可用于论证假设。

如前文所述,当前第二语言课堂教学活动研究的目的就是对课堂上教师是怎么教的、学生是怎么学的、教师和学生是如何完成课堂教学任务的,也就是对课堂教学活动的全过程,做尽可能全面的观察与描写,因此这一领域的研究方法主要是定性研究,现在用得比较多的是观察法和内省法。

观察法要求研究人员对课堂活动做客观的观察记录。研究人员当然可以借助录音和录像来帮助完成这一任务。不过录音、录像必须转换成文字材料后才便于分析。因此课堂观察的一个关键问题是如何保证其文字记录真实地反映课堂活动的进行情况,如何保证记录手段的一致性以利于对不同课堂的活动进行比较分析。在已有的第二语言课堂教学活动的研究中,研究人员在对课堂上教师——学生、学生——学生相互应对进行观察时对记录手段做了许多尝试,他们提出了不少"范畴系统"作为记录的规范。但直到今天仍然没有一套较理想的系统。

课堂观察的另一个难点是如何避免观察者的主观性和片面性，以保证观察记录的可靠性和有效性。

观察法通常只能记录我们所能看到的现象，而课堂上教师和学生当时的感受和想法是难以观察到的。为了弥补这一不足，研究人员又采用了内省的方法。这种方法就是通过与教师或学生面谈或向他们进行问卷调查去了解他们的感受。最近几年来，日记式研究作为一种内省的手段比较受人青睐。这种研究就是记日记者（教师或学生）课后将他们课堂上的感受和想法记录下来作为研究资料，在此基础上进行分析研究。

到目前为止第二语言课堂教学活动的研究方法大都来自语言学、社会学、人类学和心理学等。由于这些学科各有自己的研究对象，由于语言调查的特殊性——语言既是授课的媒介又是授课的内容，因此这些学科的研究方法都不能满足第二语言课堂教学活动研究的需要。寻求第二语言课堂教学活动研究的方法也是亟待解决的一大课题。

四、开展对外汉语课堂教学活动研究的一些设想

鉴于不同语种的课堂教学活动有其共同的地方，我们的第一步工作应是对现有的第二语言课堂教学活动的研究成果进行一番梳理，特别是对其理论基础、研究方法进行认真分析，弄清各自的长处与短处，以便我们的研究建立在较高的起点上，避免走前人走过的弯路。

第二步是制订周密的课题计划。当前第二语言课堂教学活动的研究主要采用定性研究，这种研究通常要有一个过程，既需要一定的时间，也需要一定的经费，因此要保证研究工作取得满意的结果，一个周密的计划就显得十分重要。这个计划首先必须根据人力和物力确定好课题范围和时间跨度，比如是观察一个班还是几个班、是一个学期还是一个学年等。其次是确定研究对象。虽然从理论上讲课堂教学活动的定性研究是尽可能全面地观察描写课堂活动，但实际上由于课堂教学的复杂性，我们不可能一次性地把课堂活动全都记录下来，因此每次观察必须有具体的对象，比如重点在教师还是学生，还是教师与学生的相互影响等，对这一具体对象我们要尽可能全面地观察记录。在确定研究对象时还必须考虑到课型，是精读课堂、口语课堂还是阅读课堂。课题计划者心中应该明确：对于授课教师来说，不同的课型是彼此分开的；而对于学习者来说，它们是有机结合的。我们虽然很难同时观察记录所有这些课型的课堂活动，但是一旦我们讨论课堂教学活动对学生语言水平的影响时，不同课型所起的作用以及它们之间的相互联系必须充分考虑到。这方面的研究反过来可以论证我们的课型设置是否科学。最后是确定研究手段。这一点最关键也最困难，其难点就在于如何保证观察记录手段的一致性。也就是说甲用于观察记录 A 课堂的手段与用于观察记录 B 课堂的手段必须是一致的，这样 A 课堂与 B 课堂的观察结果才可以进行比较。

同时还要保证乙的记录手段同甲的记录手段一致，这样甲、乙的观察结果才具有可比性。这些正是第二语言课堂教学研究亟待解决但还未能解决的难题。

第三步是计划的试行阶段。对于一个费时又费力的课题来说，试行阶段对于避免课题中途受挫必不可少。试行阶段的主要目的是检验计划的可行性。除了检验计划的规模是否恰当、目标是否合理外，还要通过试行培训研究人员，寻求可靠又可行的研究手段。也就是说，要通过对课堂教学活动的实际观察，使课题组成员在观察的角度、记录的方式以及有关的标准上尽可能达成一致，这才有利于观察结果的比较分析。根据计划试行的情况，对原计划做出修订，如有必要，修改后的计划还可以进一步试行。

第四步是课题实施阶段。一旦课题计划经过试行确定后，研究工作就转入实施阶段。尽管我们在这之前对课题计划进行过试行，但是在实施过程中，仍会出现一些事先没想到出的情况，这就需要我们在课题进行的过程中不断地进行总结，并根据新的情况对原计划做必要的调整，从而保证课题取得预期的效果。

对外汉语教学的课堂教学活动研究是对外汉语教学学科理论建设的重要内容之一，其前景是非常广阔的。因为课堂教学活动研究的内容跟语言学、教育学、心理学、社会学、人类学等诸多学科的内容有关，所以这一领域的研究成果不但对语言教学本身有直接的意义，而且对以上相关学科的建设也会提供有价值的材料，因此这是值得我们去开垦的一个重要领域。

第二节　课堂教学行为研究

一、教师必须研究课堂教学

改革教学，提高教学质量和效率，是各级各类学校工作中的头等大事，也是教育科学研究的根本目的和任务，更是我们广大教师时时面对、苦苦探索的课题。

对外汉语教学从总体上看教学质量不尽人意，教学水平还不高。很多有识之士为此开出药方。有的认为要提高对外汉语教学的质量首先要研究汉语，我们称为"本体说"。有的认为首先要研究学生的学习过程，我们称为"习得说"。有的认为首先要研究教学，我们称为"教学说"。

以上三种不同观点有一个共同之处，就是都认为提高教学质量必须进行科学研究。研究"什么"跟提高教学质量直接相关，是分歧的焦点。

对外汉语教学是一门学科，也是一种教学活动。"对外汉语教学"中心词是"教学"，"汉语"是修饰"教学"的，"对外"是修饰"汉语教学"的。对外汉语教学应该是一门应用学科，学科理论属于应用理论范畴，这些理论应该直接指导教学活动。能够直接指导教学活动的理论是教学理论。教学是这个学科的"本"，应当是第一属性。作为教师必须研究教学，这是提高课堂教学质量的关键。

我们主张"教学说"，但是并不排斥研究汉语本身的规律和外国人习得汉语的规律。我们要从教外国人的角度研究汉语，研究中国人习焉不察，而外国人很难理解或者不会运用、一用就错的语言现象。如果我们把外国人学习汉语的规律和特点、优势和劣势、重点和难点都研究透了，就能避免盲目性，增加自觉性，教学效果就会非常明显。从这个角度来说，在我们的对外汉语教师中培养出少数"语言学家""心理学家"是值得庆贺的事。

研究教学从哪里入手呢？笔者认为应从四大环节入手，重点是研究课堂教学。吕必松教授把对外汉语教学的全过程归纳为四大环节：总体设计、教材编写、课堂教学和测试。总体设计主要研究针对不同等级的教学对象要开设哪些不同的课程，并分别制定出不同的词汇大纲和语法大纲，确定教哪些内容。教材编写主要是研究最新的教材编写理论，并且按照这些理论编写出高水平的教材。测试主要是研究如何使用考试这根指挥棒进行教学管理，要考虑与学分制接轨。在四大环节中，课堂教学是中心环节。总体设计、教材编写和测试都是围绕课堂教学进行并为课堂教学服务的。提高课堂教学的质量是提高对外汉语教学质量的关键。课堂是教师工作和学生学习语言的主要场所；课堂教学是教师从事的主要工作，也是学生掌握语言知识、提高语言能力的重要途径。作为一名教师研究教学主要是研究课堂教学，了解课堂教学的理论和方法，掌握课堂教学的规律。

二、研究课堂教学主要研究什么

研究课堂教学主要是研究教师如何教——明确教学意识，规范教学行为。

课堂教学是教师以教材为教学内容，以课堂为教学环境，指导学生获得知识和技能的活动，是教师和学生共同完成教学任务的活动，是教师"教"和学生"学"相结合或者相统一的活动。

语言课的课堂教学是一种有控制的语言信息传输和反馈系统。它是由语言信息源、信息传输通道、信息传输者和信息接收者构成。语言信息源主要指教材提供的教学内容，也包括教师；信息传输通道指教学环境，即课堂，包括教学的时间、空间和教学组织形式；信息传输者是教师，包括教师的课堂教学意识和教学行为、教师遵循的教学原则和采用的教学方法；学生是信息接收者。

可见，在众多影响课堂教学质量的因素中，教师、学生、教材和环境成为四个基本的因素。其中，教师和学生是两个最活跃的主体性因素。教师的"教"和学生的"学"是贯穿教学全过程的主要矛盾，支配着其他矛盾的存在和发展。只有充分调动教师和学生两个方面的积极性，才能保证课堂教学的顺利进行，提高课堂教学的质量、效果和效率。

在教师和学生这一对主要矛盾当中，它们的地位和作用是不相同的。有一方起主导的作用，是矛盾的主要方面。在课堂教学中，教师的"教"主导着学生的"学"，能否提高教学质量，关键是教师，所以教师是矛盾的主要方面。

既然提高课堂教学质量的关键是教师。那么教师的哪些因素跟教学质量直接相关呢？跟教学质量直接相关的因素是教师的"课堂教学意识"和"教学行为"。

这里的课堂教学意识除了"感觉、思维、想法"的意思以外，还包括"对课堂教学应该遵循的原则的认识"，还含有"应当时刻清醒、不要忘记"的意思。课堂教学行为主要是指教师在课堂上的活动方式和具体的操作方法。可以说"意识"是一定的教学思想、教学原则在教师头脑中内化的结果；"行为"是教师头脑中的教学思想、教学原则外在的表现。在课堂上，教师有什么样的课堂教学意识就会有什么样的教学行为，有什么样的教学行为就会有什么样的教学质量，所以说教学质量与教学行为之间存在着直接的相关性。同时，教师的课堂教学行为都是一定教学意识的反映。把教师的课堂教学意识和教学行为结合起来考察和研究，既不是纯客观的、纯外在的，也不是纯主观的、纯内在的，这样就可以发现教学的规律性。

教师在课堂上的教学行为一个接着一个，多而且复杂。我们把教师的教学行为分为两大类：有效教学行为和无效教学行为。有效教学行为指的是能够促进教学目标实现的行为，无效教学行为指的是阻碍教学目标实现的行为。

作为一名教师，应该自觉地、有意识地、尽量地追求和增加有效教学行为，自觉地、有意识地、尽量地防止和克服无效教学行为。在对外汉语教学中，怎样使学生尽快地掌握看似简单的教学内容，并转化为他们的能力和本领，关键在于教师的教学行为，在于教师怎么教。教师只有自觉地端正课堂教学的意识，才能增加有效教学行为，从而提高课堂教学的效率。

三、"讲解"和"指导学生操练"是最重要的教学行为

在课堂教学中，教师最重要的教学行为当属"讲解"和"指导学生操练"。所以我们要着力研究如何讲解以及如何指导学生进行操练。

讲解和指导学生操练必须贯彻精讲多练的原则。"精讲"是教师精讲，"多练"是学生多练。

"精讲"包括两个方面的含义:一是内容,指的是所讲的内容必须经过精挑细选,要少而精,该讲则讲,不该讲的则不讲;二是方法,指的是教师要用最少的语言、最简单的方法把该讲的内容讲深、讲透、讲清楚、讲明白。"多练"有三个方面的含义:一是指讲和练的时间比例,讲要少,练要多;二是全面练习,该练习的一定要练到,不能有遗漏;三是指同一内容要充分练习,学生通过大量、反复、有效的练习掌握应该掌握的知识和技能。

精讲多练还包含这样的意思:讲在前,练在后;讲为了练,练要在讲懂的基础上进行;不能盲目地练、糊涂地练,应该有目的地练、有效地练。贯彻精讲多练的原则能够增加教师的有效教学行为。

(一)讲解

教师在讲解的时候,先要做到正确简明、通俗易懂,同时还要考虑如何使用直观性和启发式的方法,以及如何有控制地使用外语等。

1. 正确简明

教师在课堂上的讲解,不管是讲解生词还是讲解语法,最重要的是正确、简单、明白,不能讲错。这是最基本的要求。在教学中我们经常发现有的老师有"讲错"的现象。比如有一位老师讲"因为"和"由于",他说"由于"是"因为"的意思。学生问:"'由于'和'因为'完全一样吗?"老师回答:"完全一样。"实际上"因为"和"由于"有相同点:都可以用作连词和介词,后边都可以表示原因或理由。也有不同点:①搭配对象不同,"由于"用作连词时可以和"因此""因而"搭配,"因为"不能。②用法不同,"因为"用作连词时可以用在表示因果关系的复句的后一分句,"由于"不能。③语体色彩不同,"因为"多用于口语,"由于"多用于书面语。如果不讲清楚这三点区别,学生在说的时候就会该用"因为"的用"由于",该用"由于"的用"因为"。

2. 通俗易懂

对外汉语教学的对象是外国人,他们的汉语水平有限。在进行讲解的时候,一定要根据学生的语言水平,用最通俗的话、最简单的动作和方法使他们理解。学生最反感教师在课堂上说他们听不懂的话,用生词解释生词和语法点。比如一位老师解释"受骗":"受"是"遭受"的意思,"骗"是"欺骗"的意思,"受骗"就是"遭受欺骗"。学生听了不但不明白反而更糊涂了。通俗易懂地讲解的关键是老师了解学生的语言水平,了解学生的已知,带领他们用已知去探索未知,变未知为已知。

3. 直观性

直观性就是教师在讲解的时候,既要让学生听,又要让学生看,给学生增加感性认识,帮助学生理解和记忆。直观性包括使用实物、图片、图表、卡片等，还包括教师的板书和形体动作等。

4. 启发式

启发式的核心是充分发挥成年学生认知能力强的特点，充分调动他们的积极性，训练他们用汉语思维。在课堂上，凡是学生能够自己做的，教师就应该让他们做，不能越俎代庖。有一句话叫作"一般的教师向学生介绍和解释真理，优秀的教师指导学生发现真理"，这就是启发式的真谛。启发式运用得当可以大大加快课堂教学的节奏和提高效率。有的老师提出一个问题，学生回答不出，老师就干等着，浪费了宝贵的时间。正确的做法是老师要马上提一个难度小的问题，为回答难度大的问题做铺垫。

5. 有控制地使用外语

笔者主张教师在讲解的时候可以适当地使用外语，但不能完全使用外语。提高学生的交际能力包括课堂交际，如果教师使用外语，那么怎么提高他们这方面的能力呢？进行讲解的时候，特别是讲解抽象的生词、抽象的理论时，考虑到学生的语言水平，直接用汉语讲解不清楚，用外语一两句话就能讲明白，这样的时候就应该使用外语。不然，为什么要求对外汉语教师至少要掌握一门外语呢？使用外语是为了贯彻精讲多练的原则。当然，使用外语应该严格控制，能使用汉语说清楚的，尽量使用汉语。

（二）指导学生操练

教师指导学生操练，先要从学生的角度考虑练习的有效性，不做无用功；同时还要考虑针对性和难易适度、趣味性和控制性等几个方面的因素。

1. 有效性

指导学生练习最重要的是讲究实效，防止无效和低效的活动。教师为学生设计的每一项练习都要紧紧围绕教学目的，都是为了完成本课的教学任务，都是为了从根本上提高学生的语言交际能力。有效性练习先要考虑学生的需求，主要表现在练习的内容必须是学生实用的。

2. 针对性

教师设计的练习要针对"学生的困难"和"困难的学生"。"学生的困难"是从学习内容的角度说，在教学内容方面要把握重点和难点，哪儿有困难，哪儿不会，就重点练习哪儿。"困难的学生"是从教学对象的角度说，谁有问题，谁不会谁就重点练。已经会的学生要少练，对他们是提高要求的问题。针对"学生的困难"和"困难的学生"，让他们通过练习从不会到会，教学就会出效果、出效率。

3. 难易适度

要提高课堂教学的质量和效率，教师设计的练习要控制好难易度。一般来说，中等程度的学生稍加思考就能完成的练习就是难易适度的。在一个教学班里，学生的程度和水平肯定不整齐。中等学生觉得合适，上等学生会觉得容易，而"学困生"会觉得难。这又产生了新的矛盾，教师该怎么办呢？学习语言的难易由多种因素决定，不光取决于内容，还取决于练习的方法。比如老师提问时，可以对上等学生用稍快的语速，对中等学生用中等的语速，对"学困生"用稍慢的语速，或者对他们稍加提示。教师提问题的角度不同，难易程度也不一样。用这些办法可以有效地解决练习时学生水平不齐的问题，使练习的难易程度趋于平衡。

4. 趣味性

练习要增加趣味性，这是为了引起学生的学习兴趣，使他们愿意做、喜欢做。做练习是被动地做还是主动地做，效果大不一样。兴趣是一种带有趋向性的心理特征，当人们对所做的事情感兴趣的时候，就会产生愉快的情感，就会乐此不疲地去做。这时人的心理活动自然地趋于定向——集中注意力。

那么哪些练习是学生感兴趣的呢？从内容方面讲，实用的、贴近学生生活的内容学生喜欢做。从方法的角度说，灵活多样的、近似游戏的和有比赛竞争性质的练习方法学生感兴趣。

5. 控制性

有些练习方法教师能够控制学生的思维，比如问答、改句子、完成句子、完成会话等，应该尽量采用这些方法。不能控制学生思维的练习方法有让学生口头造句、让学生说新闻、让学生没有限制的自由会话等，这些方法尽量不用或少用。

控制学生是为了减少他们犯错误的概率，也是为了控制教学的节奏。学生犯的错误少，就会增加他们学好汉语的信心和勇气，提高学习的积极性和主动性。课堂教学的节奏该快则快，该慢则慢。太快，学生不易理解；太慢，不利于训练学生快速思维的能力。控制教学的节奏，是体现教师主导作用的重要方面，也是为达到教学目标和完成教学任务采取的重要措施。

总之，我们应该大力提倡教师研究教学，特别是研究课堂教学，以及研究自己的教学意识和教学行为，这是提高教学质量的务实求本之道。

第三节　课堂教学结构分析

本节从结构上对对外汉语教学基础汉语阶段的精读课课堂教学进行分析。

对外汉语教学中的课堂教学，与其他外语教学或第二语言教学中的课堂教学一样，是为培养学习者运用目的语的能力而进行的，在教学对象、教学内容和教学程序上都是有组织的一种"集体"学习方式。

教学对象的组织是指处于同一学习集体（班）中的学习者具有相同的学习目的、相同的（至少是相近的）汉语水平、相同或相近的目的语接受能力，学习集体应有适当的规模。

教学内容的组织是指课堂教学应当使用适合学习者需要和水平的，依据一定的教学思想筛选、组织和排列的教材。

教学程序的组织是指针对学习者和教学内容、按照外语教学规律而安排的大大小小的课堂教学程序和与之相配套的课外活动程序。

选择基础汉语阶段的精读课作为分析样本的原因如下：

（1）精读课，有的地方称为"语法课"，是对外汉语教学诸课型中的主干课型。我国开始有专门的对外汉语教学事业的几十年来，尽管教学方式上有了很多变化，但是精读课作为主干课型的地位基本上没有改变。在这漫长的过程中，我们在基础汉语教学方面积累了丰富的经验。

（2）基础汉语阶段的精读课可以说是对外汉语教学中章法比较固定的一种课型。与之相对照的是，其他课型，如听力课、口语课、阅读课、写作课，由于出现较晚，还都没有形成体系，没有一定规律，多种形式并存，教材教法都没有定型，所以还难于做系统的、一般的分析。至于中高级阶段的精读课，在原则上跟基础阶段精读课类似。

（3）基础汉语阶段的精读课是对外汉语教学中具有代表性的、成熟的课型。所以我们把它作为分析对象，分析起来比较容易。

希望这种分析可以对其他课型的类似分析有所启发。

一、课堂教学过程的概念

所谓课堂教学结构，是对课堂教学过程和教材结构进行分析的结果。所以为了讨论课堂教学的结构，需要对"课堂教学过程"和"教材"这两个概念做一些相关的说明。

"教学过程"是指：

（1）一个课型（如精读课、听力课、口语课、阅读课、写作课等）自始至终的完整的教学过程。表现在教材上，是该课型的完整的教科书；表现在时间上，是该课型所用的全部时间。

（2）一个课型依据一定的原则切分成的或大或小的教学阶段。比如下面讨论的课堂教学的四级单位，便是依据一定原则切分出来的大小不同的教学阶段。

二、课堂教学的四级单位

1. 课

通常对外汉语教学中精读课的教材都是依据某大纲编写的，如语法大纲、功能大纲、情境大纲。在教材的结构中，一个最基本的单位是"课"。"课"是教材根据大纲、按照一定的顺序切分出来的教学单位。每一课包含大纲中的一个或数个项目。每"课"内容的排列，一般是按照教材编写者所设计的教学进程排列的。

2. 教学环节

一个教学单位可以划分为若干教学环节。环节是为实现教学单位的教学目的所设计的过程，一般说来，它是依据对教材中"一课书"的语言项目（如生词、课文、语法解释、练习等）处理顺序划分的。

比如一节精读课可以划分为检查复习预习情况、生词处理、新语法点处理、课文处理、归纳总结、留作业六个教学环节。其中生词处理、新语法点处理、课文处理三个环节是主要环节，是依据处理的语言项目划分的。其余三个环节是辅助的环节，是用剩余的方法划分出来的，它们既不能归到后面的环节中去，也不能归到前面的环节中去。

一个比较长的教学单位，可以分成数个较小的教学单位，也可以分成若干教学环节。比如某一课，我们可以依据语言项目，把它分成下面的环节：生词处理、新语法点处理、课文处理、归纳总结（这里略去了一些辅助环节）。假定我们要用八课时完成这一教学单位，根据这种教学方法，可以用两课时处理生词，两课时处理新语法点，三课时处理课文，一课时进行归纳总结。

同时，我们也可以依据课文的进展情况，分成四个小的教学单位。每个教学单位都由检查复习预习情况、生词处理、新语法点处理、课文处理、归纳总结、留作业等环节构成。在多数情况下，我们是采取后面的方法，即把较长的教学单位划分为小的教学单位而不是大的教学环节。这是由于后者更符合教学规律。

3. 教学步骤

每一个教学环节都是由一个或数个教学步骤构成的。教学步骤是依据对教学环节所处理的语言项目的处理方式划分的。比如"处理语法点"的环节是由展示语法点、解释语法点、练习语法点、归纳语法点等步骤构成的。

教学步骤的安排是为完成教学环节所要达到的目的服务的，在精读课上，一般比较固定。比如生词、语法点的处理，都分为展示、解释、练习等步骤；课文可以分成教师口述、就口述的课文内容提问、学生复述、朗读课文以纠音、提问、答疑等教学步骤。

但是，如前所说，有的课型，如听力课、口语课、阅读课、写作课的教学步骤，至少到目前为止，还没有比较固定的教学步骤。

4. 教学行为

一个教学步骤是由一个或数个教学行为构成的。比如练习生词这一教学步骤，可能由领读、单读、用生词进行问答、用生词组句等教学行为构成。再如练习一个语法点，可以由领读例句、词语替换练习、师生问答、学生之间问答等教学行为构成。

教学行为是课堂教学过程中最基本的单位。课堂教学归根到底是由一连串的教学行为构成的。教学行为是课堂教学中最活跃、最能表现教学艺术、经验、水平的地方。因此教师应当对各种教学行为心中有数，了如指掌。在课堂教学中根据学生、教学内容、教学进程，选择最合适的教学行为，加以最优的组合。

有经验的教师选用的教学行为一般都有以下特点：

（1）选择学生最容易理解的行为；

（2）选择使学生有最多的练习、实践机会的行为；

（3）选择最接近实际交际的行为；

（4）在教学行为的排列上，达到各行为之间的互相铺垫、平稳过渡。

第四节　基础汉语课堂教学方法

对外基础汉语教学通常开设精读课（或称语法课）、口语课、听力课等多种课型。本节将要介绍的是精读课课堂教学中经常采用的一些教学方法。基础汉语精读课教学又可分为语音和语法两个阶段。语法阶段精读课的教学任务，一是教生词（包括汉字），二是教语法。我们所要介绍的教学方法就是教生词（包括汉字）和教语法的具体方法。

一、怎样教生词（包括汉字）

教科书上每课生词是按其在例句、课文中出现的先后顺序排列的。教师可根据自己的教学需要来重新安排顺序，进行认读、讲解、听写等活动。

1. 归类排列法

把当天的生词按词类排列，即分成名词、动词、形容词、介词等，课前书写在小黑板上，课上让学生认读、听写，再根据词性特点给学生（或要求学生）搭配。在语法的初学阶段可多用这种方法，有助于学生明确汉语的词类概念。

2. 意群排列法

把当天的生词按相关的意群排列起来便于学生记忆。如某课书上的排列顺序是：表、挂、墙、妹妹、拿、姐姐、菜单、戴、弟弟、请客、饭馆、菜、鱼、肉、炒、青菜、好吃、啤酒。词与词之间没有什么有机联系。可以用意群排列法把它们改成：姐姐、妹妹、弟弟；拿、表、戴；墙、挂；请客、饭馆、菜单、菜、青菜、炒、鱼、肉、好吃、啤酒。前三个词都是家庭成员名称，一起认读、记忆比较容易。第四、五、六三个词可分别组成"拿表""戴表"。从第九个词开始都是与请客吃饭有关的生词，可按顺序给学生搭配成："今天××请客，在饭馆请客，饭馆里有菜单，菜单上有很多菜，有炒青菜、有鱼、有肉，这些菜很好吃，还有啤酒（这时可补充'好喝'，啤酒很好喝）。"学生很容易接受，而且很有兴趣。这样的排列可避免学生记忆上的跳跃，帮助他们理顺记忆时的思路。

3. 串联排列法

把当天的生词按课文情节排列。认读、听写后，教师可根据生词的顺序把课文串讲出来。当某节课的语法不难，不需要在课文前讲解练习语法，而是通过学习课文总结语法时，可用这种排列法。

4. 相连排列法

把当天的生词和以前学过的有关生词按近义词相连（参观、访问；旅行、旅游等）、同义词相连（大夫、医生；输、失败等）、反义词相连（远、近；大、小等）、搭配关系相连（动宾、介宾、定语中心语等）、同字素词相连（学生、学校、学习、学院；英语、汉语）等关系排列。

在帮助学生认读、识记汉字时常用析字法、构词法和回顾法。

5. 析字法

结合当天所学汉字，教给学生一些简单的汉字知识。如简单介绍一些象形字（人、山、日、月、木等），简单介绍一些常用偏旁部首的含义（亻——表示人，如你、他、们、体等；氵——表示水，如河、湖、海、清、深、浅等；目——表示眼睛，如看、眉、眼、睛、瞪等），目的是加深学生对汉字结构的了解和记忆。

6. 构词法

结合当天所学生词及已知的词把同词素、同结构的词相连起来。如车——汽车、自行车、火车；机——飞机、电视机、录音机、洗衣机等。

7. 回顾法

在教新字或新词时，教师可引导学生回顾新字、新词中已知的字素、词素，温故而知新。如瞪——"目"字旁，一个"登记"的"登"（已学过）；熊——上边一个"能"（已学过），下边四点，等等。

二、怎样教语法

让学生理解并能运用所学语法是这一阶段的主要教学任务。不同的语法点应根据其语义特点、结构特点用不同的方法来教。我们常用的方法有以下十五种：

1. 提问法

教师用提问的方法展示所教语法的结构和含义。这是最常用、最有效的一种方法。如教几种主要的疑问句时都可直接用提问法，这是由疑问句的语义、结构特点所决定的。但是如果教"把"字句、"被"字句、带各种补语的句子或带"了""着""过"的句子时，教师过早用"你把本子带来了吗？""他说汉语说得好吗？"等形式提问，学生会因为不了解"把"字的功能、含义，不了解程度补语的结构而不知怎么回答。

2. 表演法

教师用自己的表演或展示引导出所教语法的含义和结构。如教结果补语时，先教"完"作结果补语，学生最容易理解、接受。教师可以从"看书"开始表演，边表演边问学生："老师做什么呢？"学生答："老师看书呢。"教师一边表演"看书"，一边把书翻完，嘴里同时说："我看，我看，现在看完了。我看完了这本书。"学生通过这样的表演立刻就明白了"看完"的含义，然后教师再通过类似的表演引导学生理解并说出"听完""写完""看懂""听懂"等结构。较难理解的是"见"作结果补语（看见、听见）。教"看见"时，教师可先从表演"看"开始，教师可以事先把一本书放在教室里学生不易注意但又都看得见的地方，如靠近黑板的窗台上、扶手椅上。开始表演时，教师说："我有一本书，不知道在哪儿，我来看一看。"教师边说边"看"，目光可从自己的讲台到学生的课桌，最后落在那本书上，同时嘴里说（伴以手势）："我看见了那本书。"这样学生就了解了"见"是"看"的结果了。然后问学生："谁看见我的铅笔了？"这时学生会非常有兴趣地"看"，当一些同学的目光落在那支铅笔上时，就会兴奋地说出"我看见了"，这样就知道学生已掌握"看见"的含义和结构了。

关于结果补语，书上的定义是"说明动作结果的补语叫结果补语"。如果直接说出这个定义或板书一个句子，再分析动词和结果补语，就显得非常死板，学生也不易理解。

用表演法时应该强调的是，教师的表演动作要经过设计，做到准确、清楚。

3. 图示法

教师通过画图或展示适当的图片来进行教学。如讲趋向补语时，除用表演法以外，也可用图示法。如图4-1：

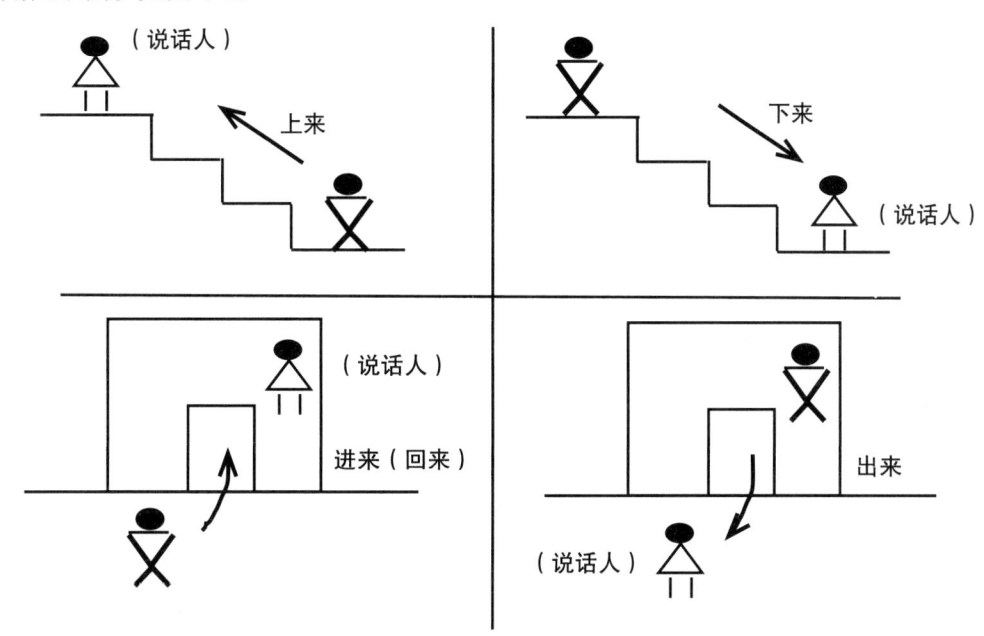

图 4-1　图示法教学案例

这一图示对外国学生尤为重要，看着图让他们逐个认读，会给他们留下清晰的视觉印象，增强他们对汉语概念的理解和记忆。

4. 递加法

教师先给出句子的主干，再根据教学要求，以出现的先后顺序逐个加以提问并回答，逐渐增加句子的修饰成分，使整个句式呈一梯形。

例如，教定语的顺序时，教师可先给出：

这是书

阿里的（谁的？）

一本（几本？）

新（新的还是旧的？）

英文（什么书？）

最后再指出定语的顺序，板书成：这是阿里的一本新英文书。

教这些语法点时，如果一开始就把所有的定语排列出来，再画线分析，当然也可以，但不如用递加法使句子的层次清楚、明确，使学生印象深刻，便于记忆。

5. 限定法

教表示动作完成的"了"时，教师可先提问"昨天你去商店了吗？"并点头，示意学生做肯定式回答；再问"你买什么了？"可用图片或实物，示意学生回答"我买水果了"，紧接着问学生"你买了几斤水果？"学生回答后板书：我买水果了。我买了两斤水果。

通过比较，给学生指出，第二个句子中的宾语前有定语。也就是先给学生限定出条件：宾语前有定语时，"了"放在动词后。然后再做一系列巩固性练习。

以上两个"了"的语义较难理解（第一个句子中"了"表示动作已发生，第二个句子中"了"强调动作已完成），但它们在结构上的特点（一个在句尾，一个在动词后）很明显。用限定法先使学生记住句子的框架，再巩固、理解，是一个有效的办法。

6. 直入法

教师配合其他方法直接展示某一语法现象。

例如，教"把"字句时，书上说："当我们要强调说明动作对某事物有所处置及处置结果时，就可用'把'字句。"什么叫处置？用中文解释，学生听不懂，即使用学生母语解释，学生一时也很难理解。用提问法、图示法等手段也难让学生体会"把"字的处置意义。20世纪60年代普遍采用的是转换法，即把普通句"请你给我一本书"转换成"请你把那本书给我"。练习时虽然学生会转换成"把"字句，但几乎没有一个学生会主动运用"把"字句。笔者认为这跟他们不理解"把"字句的处置语义有关。

近年来，笔者尝试采用直入法伴以表演法让学生体会"把"字句的处置意义。如教师可说"这是我的书"（同时用手指书）。先让学生明确，现在要谈的是"我的书"，即确指的一个宾语。然后借助表演直接给出一系列的"把"字句，并板书出来：

我要把这本书给他。

我想把这本书看一下。

明天我要把这本书看完。

明天我要把这本书带来。

我想把这本书放在书架上。

我想把这本书寄给朋友。

……

围绕着"我的书"即"这本书",直接给学生一系列的"把"字句,可以使学生初步获得一个印象,即"把这本书怎么样?"这就使学生初步接触了"把"字的"处置"含义。然后教师拿起一支铅笔问学生:"你想把这支铅笔怎么样?"教师可用动作引导学生说出不同的句子,这样就使学生进一步体会到"把"字句的处置意义。在这个基础上再做一些练习并指出"把"字句的特点。

7. 引导法

有一些语法点教师可以不直接给出,而是通过其他方法,引导学生的思路向教师确定的方向发展,让学生自己体会并说出要用的某个语法点。

如教"过"时,教师先板书"过",并说:"今天我们要学习这个'过',大家看什么时候用。"然后板书学生已知的一个汉字,问学生:

这个字怎么念?

这个字什么意思?

这个字你会写吗?(学生说"会")

这时,教师说:"好,你们会念、会写这个字,也知道这个字的意思,这时候你们就可以说(同时用手指示黑板上的'过'字)'我学过这个字'。"

接着再给一串问题:

长城离这儿远吗?(学生答"很远")

坐车要坐几个小时?(学生答"两个多小时")

长城高不高?(学生答"很高")

长城好看吗?(学生答"好看")

这时,教师说:"好,你们知道长城离这儿很远,坐车要坐两个多小时,长城很高,很好看……你们怎么知道的呢?"学生一定会说"我去过长城"或"我看过长城的照片"。

通过这样的引导,使学生体会到要表示过去的某种经历时就要在动词后用"过"。这比直接给出"过"字的用法更能调动学生的主动性、积极性。

8. 归纳法

教师先给出若干个例句,再根据例句引导学生由个别到一般、由具体到抽象、由感性到理性,归纳出某一语法的特点。

例如,教"把"字句时,用直入法让学生初步体会掌握了"把"的处置意义以后,通过看例句提问，让学生自己归纳出"把"字句的格式及用"把"字句的条件，如表4-1所示。

表 4-1　"把"字句的格式及使用条件

主语	把	宾语	动词	其他成分
如有能愿动词是，在"把"前面		宾语是定指的	动词是及物的，不能用"有""是""在""觉得"等	常用宾语 结果补语 趋向补语 重叠动词等

教师不宜单方面把所教语法的内容、特点、注意事项等灌输给学生。学生通过自己的概括、归纳，对该语法点的规律会获得深刻的理解和牢固的记忆。这时教师的作用应体现在通过提问，提供要归纳的内容，引导学生归纳得出明确的概念。几乎每一种教学方法都需伴随运用归纳法。

9. 转换法

同样一个意念可以由不同的句式来表达。教师先给出学生已知的句式，然后通过提问等方法，完成句式的变化，引出新的句式。

例如，教"被"字句时，教师先给一个主动句并板书出来"他借走了我的词典"，指出这个句子强调"他借走了什么"。这时问学生，如果不强调"他做什么"而强调"你的词典怎么样了"该怎么说呢？教师边说边板书："我的词典被他借走了。"这样做完成了由主动句到被动句的转换。又如，教可能补语时，也可由带结果补语的句子（我能吃完这些水果），转换成带可能补语的句子（我吃得完这些水果）。

10. 分析法

有些语法现象或结构是汉语中特有的，教师可引导学生通过对句子成分的分析，加深他们对这一语法现象或结构特点的了解和掌握。

例如，教主谓谓语句时，教师可先用提问法问出几个句子："我们学校留学生多吗？""××，你头疼吗？"学生回答后板书出来并分析：

大主语	大谓语	
我们学校	留学生	很多
	小主语	小谓语

然后可让学生分析"我头疼"等句。最后归纳指出什么是主谓谓语句。

11. 翻译法

翻译法是要求学生从他们的母语或媒介语译成中文的一种教学方法。

例如，教主谓结构作定语时，教师可先板书一句英文："The book I bought yesterday

is very interesting."试着让学生译成中文。有的学生可能译成:"书我昨天买很有意思。"这也没关系。教师可指出,这是英文的语法,中文不这样说。然后可问学生这句话的主要意思是什么,学生说"书很有意思",接着教师问"什么书很有意思?"学生马上明白了,应该把英文中的定语从句"I bought yesterday"放到动词前边去,但他们又可能不知道应该在动词后用"的"。经过教师的引导,学生就能把这个句子翻译出来了:"我昨天买的书很有意思。"接着再让他们翻译几个类似的句子。经过几次翻译,学生对这类句子中中英文定语位置的差异会留下极为深刻的印象,学习效果较好。对日本学生则不需用翻译法,因为日语中这类句子的定语位置与汉语相同。

12. 合成法

教师用两个已知的简单的小句,引导学生合成一个复杂的长句,以引出新的句式。

如教主谓结构作定语时,除用翻译法外,也可用合成法。先给出两个句子并板书:

a. 那个学生穿红毛衣。

b. 那个学生叫安娜。

问学生:"哪个学生叫安娜?"

学生回答时可能不知道用"的",经过教师的提示和强调,学生便可说出:"穿红毛衣的那个学生叫安娜。"

13. 对比法

由于对外汉语教学的学生都是成年人,分析、比较的能力都较强。在教学中教师可充分发挥他们的这一特点,使他们准确地掌握所学的内容。教师可以从两个方面引导学生对比,一个方面是汉外对比,另一个方面是汉汉对比,着重指出其不同之处。例如,汉外对比方面:汉语形容词谓语中不用"是",英语中用;汉语中主谓结构作定语时在动词前,英语中定语从句在所修饰词之后;汉语疑问句中疑问代词的位置与英语不同等等。汉汉对比方面:程度补语、可能补语之间的差别等;近义词之间的差别等。

14. 游戏法

将枯燥的学习加入游戏之中,创造新颖的练习机会,调节气氛,刺激兴奋,可以取得更好的学习效果。

例如,初学地点状语时,学生因受母语干扰,常把汉语中的地点状语放在动词后,说出"我学习在××学院"这样的句子。为了加深学生对汉语中地点状语在动词前的印象,可做这样一个游戏,教师分别发给学生三张小纸条,要求他们分别在上面写出姓名(可用拼音或英文)、地点(如在学校、在食堂等)、做什么(如吃饭、看书、打球等)。然后选出三名学生，大家把这三张纸条分别交给这三名学生（他们可把纸条的顺序重新排列）。然后让第一名学生念姓名、第二名学生念地点、第三名学生念做什么。因为人名、地点、动作是随意组合的，有时会出现很可笑的句子，如"阿里在食堂睡觉""玛丽在图书馆打球"等，同学们对此很有兴趣，在游戏中轻松愉快地掌握了地点状语放在动词前这一语法特点。

15. 总结法

教师通过启发、提问，对学生学过的同一词语的不同用法或同一语法功能的不同表达方式做出有指导性的总结，以帮助学生对该词、该语法功能的全面掌握。

例如，"花"有名词、形容词、动词之分，又先后出现在不同的课文中。学过两种意思后就可小结一下。学了三种意思后再总结一次。

  a. 名词——那是花。

  b. 动词——花钱、花时间。

  c. 形容词——花衣服。

又如，表示"比较"这同一功能的语法格式有：

  a. 比字句——他比我大（一点、得多、多了）。

  b. 跟……（不）一样——他跟我（不）一样（大、高）。

  c. 像……这么（那么）——他像我这么高。

  d. ……没有……这么（那么）……——他（没）有我这么高。

在教授任何一个语法点时，所用的方法都不是单一的，而是先后采用几种不同的方法穿插着进行。选用什么样的方法，取决于语法点的语义和结构特点，有时也取决于学生的特点（是说英语的学生、说阿拉伯语的学生还是说日语的学生等）。

第五节　基础汉语教学中的课堂操练

从根本上说，语言学习是一种技能学习，语言教学是一种技能训练。小孩子学母语、成年人学外语，都是这样。婴儿的啼哭，从发音学的观点来看，就是一种胸腔共鸣器的养成运动。老奶奶逗引孩子的单向会话，实际上是人们的早期语言训练，老奶奶的话就是孩子学话的最早听力教材。一个经常跟其他孩子一起嬉耍的孩子，其语言能力的发展往往优于独处的孩子，因为他有更多的语言实践机会。成年人学习外语的过程，从强调实践这一点来说，与孩子学话大体相似。所不同的是，成年人已经具有了语言思维能力，并且已经掌握了一种语言，有了一定的文化基础和语言知识。对他们来说，外语学习是一种自觉的行为。从时间上说,成年人学习外语时,由于职业等方面的种种原因,常常要求速成。简而言之,成年人学习外语的特点可以归纳为:实践、自觉、速成。于是,外语教学的各种问题,主要是教学环境、教学方法、教学内容等就被提到了一定的高度,成为人们研究的对象。这种研究的最终目的是为了创造良好的语言学习环境,选择切合实际需要的、典型的学习内容,最大限度地增加语言实践的机会,在较短的时间内,获得工作、学业或志趣所要求的语言能力。而各种语言教学法理论所关心的也正是这样一些问题。人们注意到,尽管研究的重点不同、角度不同,但是都十分重视实践,十分重视课堂操练。从实际情况来考察,在同一个语言学习的环境里,来自同一个国家、操练同一种母语,仅仅是出于人数的考虑而分在两个班里的学生,他们的语言能力的发展常常会出现差别,究其原因,往往与语言操练的多少、优劣有关。

那么,如何评价课堂教学中的语言操练呢?笔者以为可以从以下四个方面来研究。

一、数量

吸收知识主要靠理解、记忆。掌握技能除了理解、记忆之外,更重要的是要靠实践,而且这种实践需要一定的数量。语言技能同样需要一定数量的实践才能获得。可以说,没有数量就没有熟练,没有熟练也就没有语言习惯。比如说,每一种语言都有一些比较特殊的音素。从发音学的生理角度讲,不同的音素有发音器官的不同运动,准确地掌握某种语言的特殊音素,也就是要使发音器官的有关部位做相应的运动。语言习惯的形成就包括这种运动的熟练,这需要大量的操练。当然,句型的选择,词的选择和搭配,语调的得体、流畅等,远比这种生理运动复杂得多,因此尤其需要大量的操练。教学大纲规定的各个阶段的听力速度、阅读速度、口语表达速度、笔语表达速度,这些指标既是语言训练在某一阶段内所应达到的要求,又是为了保证语言训练能有一定的数量,它体现了语言教学自身的要求和规律,是完全必要的。多数教师非常重视这些规定,想方设法、"搭梯子"、除障碍,根据实际情况,努力达到这些"数量"规定。听课记录表明,有的教师在教授新的句型时,两节课内学生开口达 260 人/次/句以上,平均一节课 130 人/次/句。我们现在每节课为 50 分钟,也就是每一分钟内学生开口为 2.6 人/次/句。如果一个班有 10 个学生,那么一节课内每个学生开口 13 次,说 13 句话,每隔 3 分钟多一点的时间开口一次。除去教师的讲解、组织教学、纠正错误等时间,学生开口的实际频率还要高一些。应该说,这样的操练数量是很大的。听课记录还表明,有的教师在一节练习课内,学生开口为 200 次左右。据统计,多数教师在讲授新句型时,一节课上学生开口 100 次左右。我们之所以不厌其烦地列出这些枯燥的数字,是因为这是一个至关重要的问题。我们试想,假定一个学生在一个学时内多操练 10 句，或少操练 10 句，在一个学年几百个学时内就是多操练或少操练几百句，甚至上千句。对短期速成的基础语言教学来说，这实在是一个十分可观的数量。教学大纲规定的各种数量指标正是通过一定数量的练习才能达到的。学生最终语言实践能力的高低，也正是在这日常的、容易被人忽视的"细小"差别中逐渐形成的。

为了保证操练有一定的数量，很多教师十分注意从每一个学生的实际出发，操练时区别对待。接受能力强一些、水平高一些的学生，操练的难度大一些，相反，则难度小一些，使绝大多数学生都有机会参加难度不同的操练，在各自的水平上有所提高。如果操练难度不当，不注意每个学生的具体情况，就必然会影响整个操练的进行。

如果"学生懂了"，教师常常就不再坚持操练的数量，或者学生的错误一经改正，就不再继续操练，以致学生在操练中，对于某一教学内容，他的错误的东西多于正确的东西；而正确的东西在课堂上既没有得到反复操练、强化和巩固，课下必然回生，更谈不上正确地用于交际实践了。这里必须明确的是，实践语言教学的终点不是懂，而是准确、熟练。从不懂到懂，需要数量；从懂到准确、熟练更需要数量。没有第二个数量，就不可能有语言技能的准确、熟练，从掌握语言的技能来说，只是"懂"是没有意义的。

二、质量

课堂操练要有一定的数量，但绝不意味着只是盲目的多和快，也绝不意味着可以忽视质量。没有质量标准的数量是没有意义的，甚至是有害的。

所谓有质量的操练体现在它的明确的目的性上。大而言之，基础语言教学的目的、要求不同于本国人的一般语言教学，更不同于文学欣赏。就教学的不同阶段来说，其目的、要求也是有区别的。不同课型的操练也应有所侧重。小而言之，操练的每一种方式都要有明确的目的，切忌形式过多。我们提倡运动场上"三级跳式"的操练，步子不在多，一步是一步，步步踩在关键处，每步都有前进。也就是说，每一种形式的操练，要达到什么目的、解决什么问题，都应该在总体设计的指导下明确，使学生在操练后确实有所收获。

有质量的操练必须全面体现本课的教学内容，突出重点和难点。既不能漏掉应该操练的内容，也不要平均用力。不少教师在操练时十分注意重点和难点，操练的数量也比较大。此外，在语调上有暗示性的提示，必要时还辅之以醒目的板书。如有的教师在操练复合韵母时，为了使学生注意其中的韵腹在音长、音强上同韵头、韵尾的不同，利用板书，把韵腹写得大一些。有的教师针对学生操练定语时常常忽视"的"的错误，板书一个斗大的"的"字。总之，对重点和难点，要像电影的特写镜头一样加以强调，使学生在操练时特别注意，留下深刻的印象。如果教师设计的操练不能体现本课教材的内容，或者对重点把握错了，或者对难点心中无数，或者对重点、难点没有加以突出、强调，这样的操练就必然是例行公事、隔靴搔痒、没有质量。

有质量的操练还应体现在准确性上。操练前，教师对学生的难点、可能出现的错误，要有一定的预见，使操练更有针对性，从而降低学生在操练中的错误率，使操练从一开始就尽可能准确地进行。这既可以排除错误印象对语言学习的干扰，从心理上说，又有利于激起学生的学习兴趣，保护学习积极性。在操练中，对学生要严格要求，不要轻易放过学生的错误，更不要放任学生不断地重复错误。教师在课堂上对学生有很大的权威性，教师的评定和指导往往被认为是判断正确与错误的准绳。放过错误会被认为是默认；而重复错误的操练非但无益，反而有害。但是，这里所说的"不要轻易放过""不能听任"，必须十分讲究方法，注意适度；如果错误太多，可区分轻重缓急，有重点、有计划地逐步解决。这里，教师要照顾学生的自尊心，保护学生的积极性，让学生有时间琢磨、体会。这些无论是从语言学习的规律上，还是从心理学上来说，都是必要的。总之，正确的做法是：要求严格，处理适度。

有质量的操练善于把新旧知识联系起来，既操练了新的教学内容，又有助于旧内容的巩固。这就要求教师善于把握新旧知识的内在联系，善于以旧引新，善于在进行新内容的操练时把旧内容包括进去，使以前学过的词语、句型不断地得到重视，使学生在原有的语言水平上不断提高，而不是把新的语言现象孤立起来操练。

"学生对重复没有兴趣"，组织操练时常会遇到这样的问题。其原因也许是多方面的。不过，如果我们的操练能注意在重复中有所变化、提高，如在速度上可以由慢逐渐加快、句子由简单到复杂、音节由少到多，就会使学生在每次重复中都有所收获。也就是说，以提高操练的质量增加学生对大数量操练的兴趣。有的教师也安排一些"游戏"，但是，这种游戏的目的应该是为了教学，应该是经过教师精心设计的。我们不赞成对提高学生语言水平毫无意义的"游戏"。

另外，教师要十分注意课堂语言，排除课堂语言的任意性。因为教师的课堂语言不仅是为了组织课堂教学，而且也是学生学习的实际语言材料，同时也是一种听力训练。课堂语言要完整、准确，要及时吸收新学的语言成分，节奏、语速要有利于锻炼学生的听力。

最后应该说明的是，语言操练的最终目标是掌握、运用语言。学生是不是会用，用得是不是准确，是检验操练质量的标准。

三、理论指导

语言是一种复杂的现象，是有其内部规律可循的。语言学、语言教学、外语教学都各是专门的科学。强调基础语言教学的实践性，强调操练，而不是排斥理论指导。前面说过，成年人学习外语有别于孩子学话的重要一点是他们的自觉性。所谓自觉性，除了明确的目的和积极的态度之外，更多的是说他们在文化、语言知识上有一定的基础和理解力。必须充分利用这些有利条件，在大量操练的同时，给予必要的理论指导，使他们明确重点、抓住要害、掌握规律、融会贯通、举一反三。如果把成年人的外语学习与孩子学话等同起来，只要求他们盲目地、机械地模仿，学生往往会感受到了"智力上的嘲弄"，厌倦语言操练。从实际情况来看，如果没有必要的理论指导，学生不懂得"所以然"，大量的操练很可能是"顺竿爬"。缺乏必要的理论指导，不仅违背了成年人学习语言的特点，也达不到操练的真正目的。

当然，这种理论指导并不等于"满堂灌"，不是把操练作为长篇理论讲授的借口。这种理论指导是以大量的实际操练为前提的，是为培养学生的语言实践能力服务的。因此，必须抓住要害，要有高度的概括性。有一个教师在教授连动句时，先做了大量的操练，并把典型的句子板书在黑板上。然后问学生，这些句子有几个动词？学生回答有两个。教师接着说明这些动词或者表示目的，或者表示方式，或者表示工具，在汉语里叫作连动句。接着让学生看墙上挂着的语法术语表（有外语注释），带领学生朗读"连动句"三个字。最后又问学生，连动句有几个动词、表示什么意义。短短几分钟，有教师的讲解，有师生的对话，把语法点讲解得十分清楚。

强调语言操练不是贬低理论指导的作用，而是对理论讲授提出了更高的要求。教师必须对有关的语言现象有比较透彻的了解，有一定的理论素养，并能结合教学实际，灵活运用，做到纵观全局、突出重点、抓住要害，以简明的讲授画龙点睛，收到事半功倍的效果。一个语言教师从实践角度说，必须具备普通语音学的知识，了解决定各音素的要素，这样才能在实际操练时抓住要领，能敏锐地发现错误，准确地分析产生错音的原因，并有针对性地纠正错误。否认必要的理论修养，以为只要会说普通话就可以教好外国人说汉语的观点是错误的。作为语言教师无论在认识上还是实践上都绝对不能轻视语言理论的指导作用。一个严肃对待语言教学的教师，一定是在教学实践上用心的人，同时也是对语言理论刻苦钻研、努力在实践中加以灵活运用的人。

四、外语的作用

为了使学生在大量操练中逐渐养成语言习惯，养成用目的语思维的能力，有些教学法理论不提倡，甚至禁止使用学生的母语或媒介语。在汉语作为外语教学的历史上，20世纪50年代和60年代初，曾采用语法翻译法，这时，外语的使用是大量的。之后，在国外直接法、听说法等方法的影响下,我们改用汉语直接进行教学。那么,我们现在对外语的态度是什么呢?从使用上说是有所控制的,既不绝对禁止,又反对大量使用。所谓不绝对禁止,是说在教学初期的某些课堂用语和理论指导的必要词语可以使用外语,如上面提到的连动句表示目的、工具、方式中的"目的""工具""方式"这三个词,教师可以使用外语。使用外语简明地说明问题,可以免除学生探索之苦,缩短从感性认识到理性认识的过程。这里,不绝对禁止使用外语同操练中不排斥理论指导的作用,是相为表里的。所谓不大量使用外语,是因为只有大量的理论讲解才需要大量的使用外语,而大量的理论讲解和使用外语就必然削弱语言的实际操练。这个主张又是同反对理论讲解"满堂灌"相一致的。

有一种意见认为,如果在操练中不直接使用外语,教师掌握外语就失去了意义。这种把操练中直接使用外语与外语在操练中的作用等同起来的意见实在是一种误解。我们认为教师懂得外语(学生的母语)的重要意义在于,它有助于进行汉外对比研究,了解学生母语与汉语的异同,知己知彼,从而更准确地确定操练乃至整个教学的重点,科学地预见学生在操练中可能出现的错误,使整个操练更有针对性、目的性。如汉外语音对比可以告诉我们,汉语中哪些音素在学生的母语中是没有的、哪些音素与学生母语中的有关音素相似而又有所不同、哪些音素学生学起来是没有困难的,从而使我们心中有数,减少操练的盲目性。学生在操练中出现错误的时候,汉外对比可以帮助教师了解这些错误产生的原因是受母语的影响,还是偶然的因素,从而分情况进行处理。如有的说英语的学生在操练时说出这样的句子:"离学校到商店有五千米。"如果教师懂得英语,就可以知道这是受英语"from"的影响,"from"的意义固然相当于汉语的"离""从",但汉语"离"和"从"在用法上是不同的。又如阿拉伯学生常说:"可以我们去。"如果教师懂得阿拉伯语,就可以知道这是受阿拉伯语的影响。当然,这只是一些简单的例子。从深度和广度两个方面,进一步开展汉外对比,是摆在我们面前的一项十分艰巨的任务,它对提高包括课堂操练在内的整个教学的质量具有重大的意义。比起在课堂操练中直接使用外语,这是一个更高的要求。从这个意义上来说,教师的外语知识不是无用武之地,而是大有作为,而且亟须进一步提高。

课堂操练是汉语作为外语教学中一个很重要的环节,涉及的问题也不止这些。如各种教学法理论都强调操练,但在如何进行操练上,其方法、要求又有所不同。又如教材,它是教学的依据,又是操练的依据,教材的适用性直接影响着操练的质量。这些都需要做专门的讨论。

第六节　课堂教学评估

一、课堂教学评估的作用

课堂教学评估是信息反馈的重要手段，它可以帮助教师和学生有效掌握课堂教学和课堂学习的过程。但在一般情况下，教师都是通过期中考试或期末考试来获取有关学生学习情况的反馈，从而对教师的教和学生的学进行评估。这种评估更多地关注学生的学习效果和教师的教学效果，往往忽略了学生在学习过程中的情感、态度、努力程度和存在的问题，也忽略了教师在教学过程中的意识、行为、方法等因素。我们认为，教学是一个过程，最有效的评估时间不是在期中和期末。我们应该搞"进行时"的教学评估，而不应该都是"完成时"的教学评估。只有关注学生的学习过程和教师的教学过程，为教学提供早期的和及时的反馈，才是最有效的教学评估。

（一）课堂教学评估对教师的作用

1. 积累教学经验，提高教学技艺

课堂教学的质量取决于教师的课堂教学意识和教学行为。有效教学行为越多、无效教学行为越少，教学的效果越好。增加有效教学行为、减少无效教学行为的关键是积累教学经验。教学经验跟有效教学行为成正比，跟无效教学行为成反比。而课堂教学评估正是帮助教师积累教学经验，提高教学技艺的重要途径。

教师，特别是年轻的教师，不断发现自己教学中的"短板"，找出不足之处，明确此时此处"不应该这样做"，从反面吸取经验教训更为重要。因此，教师的自评，应该以发现问题、分析原因、思考和提出改进措施为主。这样，教学评估才能真正起到积累教学经验、提高教学技艺的作用。

2. 得到必要的信息反馈，及时调整教学计划和安排

教师在课堂上及时得到必要的信息反馈非常重要。比如教师讲解完一个生词或语法点之后进行练习时，学生的眼神和表情就是对教师讲解的评估。如果从大多数学生的眼神和表情中看出他们充满信心、跃跃欲试，就证明他们已经理解了；如果有的学生蹙眉做思考状或者眼光避免跟教师接触，就证明他们没有理解或没完全理解。同样，学生做练习的正误对错，也是对教学的评估。大多数学生练习做对了，证明他们已经掌握了，可以进行下一个项目了；如果相反，就证明他们没有掌握，需要重新讲解和练习，不能急于进行下一个项目。

教师对学生的学习情况和学习效果了解得越深入、越全面，就越能有效地安排自己的教学活动，最大限度地增加有效教学行为和减少无效教学行为。有经验的教师总是不断地从学生自然的评估中得到必要的信息反馈，及时调整教学计划和安排，使教学符合实际，具有更强的针对性，从而取得最佳的教学效果。

3. 改善师生关系，优化课堂环境

课堂教学评估对教师的第三个作用是改善师生关系，优化课堂环境。教师给学生机会发表对教学的意见和建议，通过师生对话加深彼此的了解，可以消除隔阂，改善关系，为更有效地开展教学奠定基础。

学生对教师教学的评估无非是两个方面：一是肯定，二是否定。学生的肯定是对教师教学的认可，可以帮助教师总结成功的经验，获取成就感并增加信心，同时增进教师的亲和力；学生的否定可以帮助教师找出或者印证自己教学中的"短板"，可以更有针对性地改进教学方法。教师改进教学，必定受到学生的欢迎，同样可以增进师生关系。学生对教师的教学不满意，说出来总是比不说出来好，教师给学生机会提意见，是缓和矛盾、化解矛盾的有效方法。

优化的课堂环境，应该是民主的、宽松的、和谐的环境。及时的教学评估，师生互相鼓励可以使教师和学生抖擞精神，使学生对有困难的学习内容不觉得累，对枯燥的训练不觉得烦，从而缓解学习的紧张气氛，强化轻松学习的氛围。

4. 为科学研究提供素材和资料

在高等学校工作的教师应该认认真真地上课，踏踏实实地做学问。这两个方面不能一手软一手硬，必须两手都要硬。所谓"做学问"就是搞科研。如果只搞教学，不搞科研，教学就没有根基，教学就会在低水平上徘徊，教学水平很难进一步提升。特别是对外汉语教学领域，科研必须结合教学，教学是外汉语教学学科的"本"，只有抓住这个"本"、研究这个"本"，才能突出我们学科的特色，也才有我们学科的地位。

进行教学评估是研究教学的突破口，经过长期的、不断的、及时的教学评估，教师可以透彻地了解学生的学习过程和自己的教学过程，同时可以获得和积累大量学生学习和教师教学的素材。这些素材是进行科学研究的重要资料。通过研究这些素材和资料既可以发现教师"教"的规律，又可以发现学生"学"的规律，从而写出高水平的论文。

（二）课堂教学评估对学生的作用

1. 使学生了解学习的过程，更加积极主动地学习

学生学习语言往往只关心学习的结果，比如 HSK 考试通过几级，他们不太关注学习

的过程。其实过程比结果更重要。

做任何事情都一样,过程是漫长的线,结果是短暂的点。没有过程就没有结果,也可以说过程决定结果。学习也是这样,学习的结果靠过程的积累。经验告诉我们,其他条件都一样,坚持努力学习的学生比三天打鱼两天晒网的学生学习成绩好。知识和技能是在学习的过程中获得的。通过课堂教学评估,学生了解了学习的过程,就会更加积极、主动、努力地学习;就会更好地监督自己的学习行为,减少盲目性,增加自觉性;就能打破应试教育的弊端,使学生扎扎实实地练好基本功,实实在在地提高语言交际能力。这就好比走路,如果每一步都能走好,结果一定会到达目的地;如果走的过程中方向错了,或者中途出现故障,结果就很难到达目的地。

2. 使学生及时了解自己的进步,获得成就感

课堂教学评估使学生学习的过程成为可视之物,学生能够清楚地看到自己的学习轨迹和学习的进步,就会获得成就感和满足感,从而增强学习的信心和动力。

学习,特别是语言学习,又特别是第二语言学习,往往枯燥乏味,很多人学不到头,中途打退堂鼓。中外很多学者的研究表明,学生能够提高学习的质量和效率的原因:第一是爱学、喜欢学;第二是方法得当;第三是勤奋刻苦。学生爱学习、喜欢学习是首要的,没有这一条,其他都谈不上。课堂教学评估中,教师以鼓励为主,可以让学生及时了解自己的进步,及时获得成就感和满足感,提高学习兴趣。

课堂教学评估针对具体的学生和具体的教学内容,但对个别学生的成绩提高和进步,教师可以在全班公示,让其他学生都了解,得到其他学生的认可。教师的表扬应该是对学生能力的认可和肯定,而不仅仅局限于具体的成绩和进步。学生只有认识到自己有能力学好,才能真正转化为持久的动力。

3. 使学生及时了解自己的不足,以便改进

课堂教学评估的目的是提高学习质量,它注重学生是否完成学习目标,而不是与其他学生进行学习成绩比较。因此,绝对不能搞一个教学班学习成绩的排名。每个学生的起点不同、智力不同,自然不能要求学习的结果相同。课堂教学评估注重学生在各自的基础上的提高。

成绩和进步要当众表扬,对于个别学生的问题和不足,教师应该尽量采用个别面谈的方式告诉学生。这样既不伤害学生的自尊心,又能让他们及时了解自己的不足,以便改进。教师在跟学生面谈时,要像医生给病人诊病一样,具体地告诉他毛病在哪儿、根源是什么、如何解决。比如学生用错了一个词语,教师首先要指出错在哪儿,对于顽固性的错误,教师跟学生面谈时要了解学生的想法,发现和指出为什么会出现这样的错误,最后说明解决

的办法，告诉学生这个词语应该怎么用。

4. 帮助学生学会学习，改进学习方法

课堂教学评估的一项重要任务是帮助学生改进学习方法，调整学习策略。学习质量和效率的提高很大程度上取决于学习方法。方法得当则事半功倍，方法不当则事倍功半。通过课堂教学评估，教师可以帮助学生掌握正确的学习方法，改掉不良的学习习惯。课堂教学有张有弛，学生的注意力才能得到合理的分配，教师发现学生注意力有问题，就要告诉他们什么时候应该集中注意力，什么时候可以稍事休息，让他们养成习惯。

现在已经进入信息社会，提倡终身学习。学生离开教师、离开学校以后应该能够自主地学习。通过课堂教学评估，学生了解了学习的过程，可以帮助学生更好地学习。总之，帮助学生学会学习比教会具体知识更为重要。

二、课堂教学评估的原则

（一）目的性原则

进行课堂教学评估，教师先要明确本次评估的目的和预期的效果，因为每次评估的目的和预期结果都不同。那么本次评估要达到什么目的，要取得什么样效果，不仅教师要明确，也要让学生明确。这样学生才能积极配合，从而达到预期效果。一般来说，课堂教学评估的具体目的有以下方面：（1）检测学生对当堂教学内容掌握的情况；（2）检测学生的学习方法和学习策略；（3）检测学生对学习过程的自我监督情况；（4）检测教学任务的完成情况；（5）发现学生在学习中仍未解决的问题；（6）发现教师教学方法的问题；（7）了解教师采用新方法的效果；（8）发现课程设置和教材的问题；（9）为教师调整教学策略提供反馈；（10）为学生调整学习策略提供反馈。总之，课堂教学评估的目的是为了更好地了解学生的学习，以便更好地开展课堂教学活动，提高课堂教学的质量和效率。

（二）针对性原则

课堂教学评估的针对性很强，往往针对教学中的具体问题进行。如果一堂课进行得非常顺利，师生配合得非常默契，此时进行教学评估，不仅可以帮助教师总结经验，还可以肯定学生的学习方法和学习策略；如果一堂课上得很不顺手，出现的问题比较多，此时进行教学评估，就能够发现教师教学方法的问题，总结经验不足，以便改进。如果一堂课下来，对于是否完成了教学任务没有把握，此时进行教学评估，就能够帮助教师了解教学任务完成的情况。如果某课的教学内容十分重要，此时进行教学评估，可以了解学生对当堂教学内容掌握的情况。如果教师改变了教学方法，此时进行教学评估，可以了解此种方法的效果。如果发现学生积极性不高，有畏难情绪，课堂气氛沉闷，此时进行教学评估，能够鼓励学生树立信心，活跃课堂气氛，及时扭转被动的局面，同时培养学生对学习过程的自我监督的能力。

总之，课堂教学评估的针对性不是积累性的，而是过程性的；不是结论性的，而是诊断性的；不是行政性的，而是个人性的；不是全局性的，而是局部性的；不是总体的，而是具体的。

（三）有效性原则

课堂教学评估要讲究实效。不是为了评估而评估，也不只是为了完成上级交代的评估任务。课堂教学评估以学生自评为主，以培养学生的自我监督能力和自主学习能力为主。教学评估得到的信息反馈，可以使教师调整教学策略，学生调整学习策略，及时地、有针对性地解决教学中存在的问题，从而提高教学的质量和效率。

（四）常规性原则

课堂教学评估应该纳入正常的教学之中，并非只在期中和期末进行。课堂教学评估是监控教学和学习的手段，必须经常有规律地进行。这种评估不一定占用很多时间，也不一定很正规，关键是教师必须有课堂教学评估的意识，才能把它作为常规的教学内容之一。

（五）客观性原则

科学的评估务求客观公正、真实可靠，要尊重客观规律，力戒主观臆断和避免随意性。评估的结果主要是给自己看，所以好就是好、不好就是不好，教师要控制自己的感情。科学、真实、客观、尺度统一、标准一致是课堂教学评估成功的基本保证。

（六）可行性原则

课堂教学评估的方法必须简便易行，实施起来没有太大的困难。如果评估方案操作起来太麻烦，学生不愿意配合，评估就很难成功。评估给教师和学生带来很多麻烦，效果当然不好。

（七）变化性原则

课堂教学评估可采用多种方式进行，可以口头，也可以书面；可以自评（包括教师自评和学生自评），也可以互评（包括师生互评和学生互评）；可课上进行，也可课下进行；可以分组讨论，也可以全班一起讨论，还可以师生一对一地面谈。多变化、多角度、多方位的课堂教学评估可以增加学生的新鲜感，使学生乐于参与。

三、课堂教学评估的方法

课堂教学评估以学生自评为主,但是要在教师的指导下进行。评估内容的确定、方式的选择、处理信息反馈的方法等都由教师确定,教师在课堂教学评估中具有很高的自主权和决定权。

(一)课上评估

1. 学生自评

学生自评可以在一定的教学阶段中进行,也可以在下课以前进行。主要是了解学生对具体教学内容的掌握情况以及学生完成学习任务的情况,以便及时发现问题,让学生及时调整学习方法和学习策略,也为教师的总结提供依据。

教师可以采用让学生口头回答问题的方式进行自评。教学进行到一定阶段,教师提问,学生回答。例如:

◎刚才我们练习的重点是什么?

◎我们刚才讲练的生词你记住了几个?是哪几个?

◎你是用老师教的方法记生词的吗?尝试用老师教的方法记住剩下的几个生词。

◎上课以前你知道……这几个生词的用法吗?现在呢?请你用……说一个句子。

◎你们看,这五个生词必须掌握它们的用法,你哪个生词有问题?

◎学习课文以前,你知道……这个句子的意思吗?请你说说这个句子的深层意义。

下课前利用几分钟,教师提问,学生回答。例如:

◎今天我们学习的重点是什么?

◎今天我们一共讲练了几个语法点?是什么?

◎在今天的课上你用新学的语法点完成了几个任务?是什么?

◎今天的哪个语法点你们掌握得不太好?

◎今天的课文你们说得不太好,为什么?

◎今天的听力课你们一共听了几篇课文?最后的课文谁对谁做了什么?结果怎么样?

◎今天听的三篇课文,哪一篇最难?难在哪儿?是生词多、句子长、语速快,还是人物关系复杂?

◎听课文以前老师让你们注意什么?你是按老师的要求做的吗?以后听这样的对话你们要注意什么?

教师也可以用问卷调查的方式。教师设计调查问卷时要尽量做到简明易行,省时省力。

由于课堂教学评估是针对具体内容、具体课程、具体学生和具体教师，评估目的多种多样，所以设计的调查问卷也应各不相同。

表4-2"问卷调查一"是检测学生听力课是否运用猜测策略的调查问卷。这种问卷有点儿像小测验，只不过它的针对性更强。听力课上老师讲了猜测生词的方法，然后让学生听五个句子，每个句子中有一个生词，看他们能否猜出这些生词的意思，是否掌握了这些猜词的方法。

表4-2　问卷调查一

姓名	时间	成绩

听下面的五个句子，每句中有一个生词，请你猜出这个生词是什么意思。
1. 我喜欢吃中国菜，尤其是炒面和春卷。
2. 今天天气很好，阳光明媚，我打算去公园散步。
3. 我的家乡有美丽的山和清澈的河，是个宜居的地方。
4. 昨晚我去电影院看了一部新上映的电影，非常精彩。
5. 我的梦想是成为一名医生，帮助治疗病人并拯救生命。

表4-3"问卷调查二"是综合课教师检测学生是否当堂掌握了本课的生词。教师把问卷发给学生当堂完成。教师课后统计学生的错误，及时了解学生掌握的情况，以便下节课采取措施弥补。

表4-3　问卷调查二

根据拼音写出汉字并造一个句子。
1. jǔ xíng; 2. qīng sōng; 3. tián mǎn; 4. cōng máng; 5. shí zài;
6. pī píng; 7. biǎo yáng; 8. bào qiàn; 9. dào qiàn; 10. zhēn xī;
11. gǎn dòng; 12. jī dòng; 13. zhēng qǔ; 14. yāo qǐng; 15. jiē shòu

表4-4"问卷调查三"是综合课教师使用新的方法讲练课文，了解学生反馈的问卷。下课前，教师把问卷发给学生，并说明要求，讲解填写的方法，然后逐一解释，让学生在对应的栏内画钩。

表4-4　问卷调查三

方　法	喜欢	不喜欢
1. 讲练课文时老师不允许学生看书。		
2. 老师引导学生共同完成课文的对话。		
3. 老师让学生想出多种表达的方法。		
4. 老师先让学生两人一组看着黑板上的提示词语练习，然后擦掉提示词语，让学生到前边会话。		
5. 老师给出打乱顺序的句子，让学生把它们组成跟课文一样的语段和语篇，然后练习叙述。		

2. 教师记录学生课上的表现

教师课前做好表格，课上随机挑选学生填写，只需画钩。例如表 4-5、表 4-6。

表 4-5　学生回答问题情况表

表现＼姓名	艾米	彼得	贝拉	大卫	金汉成	山本正
一听完问题马上回答	√√					√
认真思考后回答		√√		√		√
老师点名才回答						
怕说错不敢回答			√			
能力低不能回答					√	

表 4-6　学生课堂注意力分配情况表

表现＼姓名	艾米	彼得	贝拉	大卫	金汉成	山本正
整堂课集中注意力	√			√		
大部分时间集中注意力		√				√
该集中注意力时能集中						
有时集中注意力			√			
注意力涣散					√	

3. 学生互评

学生互评以肯定和鼓励为主。教师选择适当的时机和适当的教学对象进行，主要目的是优化课堂环境，活跃师生之间、学生之间的融洽气氛，也是为了发现共性问题并寻找问题的根源。

例如：

◎刚才××的回答怎么样？

◎今天谁回答问题回答得最好？

◎今天谁完成任务完成得最好？

◎今天用……完成一个对话，哪个组完成得最好？

◎昨天老师留的作业，谁做得最好？

◎谁预习生词预习得最好？

◎××以前总是发不好……这个音，今天他说得怎么样？我们请他再说一遍好不好？

4. 教师总结

教师总结也是以肯定和鼓励为主。例如："今天我们一共学习了 15 个生词、2 个语法点和 1 个对话。重点生词有 8 个，它们是……，这 8 个重点生词你们掌握得比较好，回去以后每个词造两个句子，写在本子上。两个语法点中第一个是重点，你们还不太熟练，回去以后你们看一下语法注释，明天我们还要做一些练习。课文的重点是掌握表示感谢的方法，你们要注意对不同的人和不同的事情表示感谢的方法不一样。""今天你们都非常积极，对生词、语法和课文都掌握得很好。特别是××，一共回答了 12 个问题，对了 10 个，让我们祝贺他（鼓掌）。另外的两个因为老师问问题的时候没注意听，所以回答得不对，以后要集中注意力听老师问的是什么问题。"

（二）课下评估

1. 学生访谈

课下找学生谈话，一是了解学生的想法，二是指出学生的问题。学生在课上做错了练习，或者发现学生作业中的错误。原因可能很多，只有找到了原因才能对症下药，帮助他们改正。所以教师应该了解学生当时是如何想的。对于大多数学生的共同问题，教师要在全班讲评，而对于个别学生的问题则不宜当众讲评。这样做一是节省宝贵的课堂时间，二是照顾学生的自尊心。

2. 调查问卷

表4-7"问卷调查四"是综合课学习"把"字句以后检查学生使用"把"字句的情况的问卷。下课前把问卷发给学生，要求课后独立完成，能写几个就写几个。

表 4-7　问卷调查四

姓名	时间	成绩
请你用下列词语布置你的房间，写出 10 个句子。 沙发、餐桌、电冰箱、电脑、写字台、床、山水画、衣柜、世界地图、地毯、客厅、卧室、厨房、餐厅、书房、放、挂、铺		

以往编写新教材时，在试验阶段，往往只听取教师的意见，忽视学生对新教材的反馈。表4-8"问卷调查五"是一个单元结束以后，了解学生对新教材教学内容的意见。下课前把问卷发给学生，讲解填写的方法，要求认真并尽可能详细的填写。问卷收回后，进行统计和分析。把教师和学生的意见集中起来，作为修改教材的依据。

表 4-8　问卷调查五

姓名		时间			
一、课文					
你认为哪篇课文最适用	第一课	第二课	第三课	第四课	第五课
你认为哪篇课文最有意思	第一课	第二课	第三课	第四课	第五课
你认为哪篇课文最不适用	第一课	第二课	第三课	第四课	第五课
你认为哪篇课文最没意思	第一课	第二课	第三课	第四课	第五课
二、生词（本单元共学习了 200 个生词）					
1．写出你认为最有用的生词（至少 50 个）。					
2．写出你认为最没有用的生词（至少 10 个）。					
三、练习					
1．下列练习形式哪些是你喜欢的。（在你喜欢的格中画钩）					
辨音辨调	用本课的生词填空	造句	替换练习	改写句子	完成句子
选词填空	根据课文回答问题	模仿	完成会话	阅读练习	写作练习
2．本单元完成会话练习的内容你认为哪些有用？（在下面的格中画钩）					
第一课	第二课	第三课	第四课	第五课	
3．本单元的阅读课文你认为哪篇最有意思？（在下面的格中画钩）					
第一课	第二课	第三课	第四课	第五课	

3．教师自评，写教学后记

教师每教完一节课都要进行自评，认真总结成败得失，写好教学后记。对成功之处，要思考为什么成功，其条件是什么，有没有普遍意义，是否具有规律性，能不能从教育学、语言学、心理学中找出依据，使之上升为理论，上升为理论的东西即可成为可靠经验。对失败之处，要分析失败的原因，思考这样做违反的教学原则和原理，下次再教同一课或遇到同样的问题应该如何处理，也要上升为理论，使之成为自评可靠的经验。

教师自评主要是从教学意识和教学行为两个方面进行。分析课堂上哪些是有效教学行为，为什么有效；哪些是无效教学行为，为什么无效；具体的教学行为反映了教师教学意识中哪些是正确的，哪些是错误的。

对课堂教学质量起反面影响的因素主要是错误的教学意识和无效的教学行为。作为一名教师应该自觉地、有意识地、尽量地追求和实践有效教学行为，自觉地、有意识地、尽量地防止和克服无效教学行为，从而提高课堂教学效果和效率，大幅度地提高教学质量。教学评估和写教学后记就是帮助自己发现并纠正错误的教学意识和无效的教学行为。因此，教师应该正确对待学生的批评意见，同时自己也要敢于揭短，勇于改正。

写教学后记包括教师的自评和学生的评估。由于课堂时间紧张，教师对学生的发言可能记录得不全面，因此，课后写教学后记时，要整理自己的记录，尽量把课上学生说的话及时补写出来，以便正确、客观、真实地反映学生的意见。

第五章 对外汉语教学模式研究

第一节 对外汉语教学模式研究概述

一、问题的提出

对教学模式的研究在国内对外汉语教学法研究中一直没有受到应有的重视。多年来，我们的教学法研究主要集中在宏观研究即方法论层面的理论研究，或者侧重微观研究即操作层面的教学技巧研究，而对于中观层面的教学模式研究少有涉及。这一方面是因为对外汉语教学作为一门年轻学科，其理论研究和教学实践还都处在发展不成熟期，理论和实践呈现出交叉落后的矛盾，需要我们倾注大量的精力研究；另一方面是因为我们对教学模式本身以及教学模式对理论研究和教学实践的影响力和作用力认识不足，研究视角受到限制。此外，由于教学模式研究和实验涉及多方面的因素和条件，也使不少学者畏而却步。

近些年，随着理论研究的不断深入和教学实践的不断拓展，对外汉语教学的学科地位和社会地位的提升是不争的事实。但与此同时，许多专家学者对汉语教学的质量和效果都表示出了不同程度的忧虑。他们认为，语言学界在对外汉语教学方面的研究和采取的实际措施，远远不能令人满意；由于起步迟，理论研究、课程设计实验和师资培训都跟不上形势发展的需要，教材、教法也多半未能令人满意；现行的汉语教学模式相对陈旧、单一，国内外的相关研究成果未能及时反映到目前的教学模式中来；汉语教材雷同和粗制滥造现象严重，在教学法的改革探索方面下的功夫不够，导致教材品种单调、路子单一，大多数教材处于同等水平的重复状态，缺乏创新等等。

无论是教学理论认识水平、教学设计落后问题，还是教学质量、教学效果不能让人满意的问题，或教材编写水平、教学实验等的欠缺问题，我们都可以从教学系统论研究的角度归结为教学模式的研究水平问题。从教学模式的研究来看，我们一方面对个人教学经验的积累与多年形成的习惯做法进行一定规模的教学实验、反复验证还不够，无法使之升华成为理论并进而凝结成有意义的教学模式；另一方面，我们的许多基础性研究，包括语言学及相关学科的研究还没有真正自觉地、理性地融入教学中来，人为地在这些研究与教学实践中形成一道屏障，致使这些研究成果无法落实为一定的教学模式，进而在实践中应用。

建立具有高效率、具有典型示范意义的教学模式并有效地应用到教学实践中去是我们对外汉语教学与研究者共同的目标，也是我们对外汉语教学事业发展到今天的一个迫切需要解决的课题。它不仅是教学实践者的任务，也是理论研究者的一个使命，是需要多方参与的一项工作，否则，我们很难融入世界第二语言教学的发展潮流中去，也谈不上对外汉语教学的规模性发展。

二、教学模式及其含义

教学的模式化研究也可以称为对教学模式的研究，属于教学法的中观研究领域。

教学模式一般是指具有典型意义的、标准化的教学或学习范式。国外学术界较有影响的观点认为，教学模式是构成课程、选择教材、指导教学活动的一种计划或范型。但国内学者一般把教学模式理解为开展教学活动的一整套方法论体系，是在一定教学思想或教学理论指导下建立起来的较为稳定的教学活动框架和活动程序。可以肯定地说，教学模式既是教学理论的具体化，也是对教学经验的一种系统概括；既可以直接从丰富的教学实践中通过理论概括而成，也可以在一定的理论指导下提出一种假设，经过多次实验后形成。

一般来说，一个完整的教学模式应该包含下列五个基本要素：

1. 理论基础

理论基础指由教学模式建立的教学理论或教学思想，即教学模式建立的理论依据，是反映教学模式内在特征的一个因素。

2. 教学目标

教学目标指教学模式所能达到的教学效果，是教学活动在学习者身上产生的效果的预先估计和设定。这是教学模式构成的一个核心因素，对其他因素有制约作用。

3. 操作程序

操作程序指教学活动在时间上展开的逻辑步骤以及每个步骤的主要做法等。任何教学模式都具有一套独特的操作程序和步骤，以及与之对应的教学活动的基本阶段及其逻辑顺序。教学模式中的操作程序是相对稳定的，但不是一成不变的。

4. 实现条件（手段和策略）

实现条件指促使教学模式发挥效力的各种条件（如教师、学生、教学内容、教学手段、时间、空间等）的最优化方案。

5. 评价

每种教学模式一般都有适合自己特点的评价方法和标准。

从以上的构成要素我们可以看出，教学模式与我们所熟知的教学类型、教学设计等概念在内容上有一定的交叉重叠。教学设计和教学模式是从不同角度、不同功能划分出来的两个概念。教学设计既可以针对某个教学类型，也可以针对具体的教学模式，甚至针对专门的课程或课型。教学类型与教学模式是不同范畴、不同层次的两个概念。前者是从教育学、教育管理学角度划分出来的概念，较为宏观、固定；后者则是课程教学论层次的概念，较为具体、微观。某个教学类型从整体或局部上可以包含多个教学模式，而典型的教学模式有时也可以以个体代替一般，扩化为一种类型。

教学模式有不同的类型。国外的一些学者根据教学模式的理论根源，把教学模式分为社会型教学模式、信息加工型教学模式、个人型教学模式、行为系统型教学模式等。其中许多教学模式的形成如皮亚杰的认知发展模式、加涅的累积学习模式、斯金纳的程序教学模式等都对第二语言教学产生过直接的作用或重大的影响。第二语言教学历史实质上也就是语言教学模式的发展史，从较早的直接法、情景教学法、视听法，到影响巨大的交际语言教学法，再到新兴的自然法、暗示法等，或者教学法本身就是一种教学模式，或者教学法由先后多个教学模式组成。以影响最大、流派众多的交际语言教学法为例，从20世纪70年代开始到世纪末，在功能语言学理论和社会语言学理论的影响下，交际语言教学先后形成并发展出多种教学模式，如结构——功能式模式、功能——意念式模式、互动式模式、任务式模式、自发式模式等。教学模式的创新与发展成为第二语言教学理论和实践发展的核心部分。

三、对外汉语教学模式分析

所谓对外汉语教学的教学模式，就是从汉语独特的语言特点和语言应用特点出发，结合第二语言教学的一般性理论和对外汉语教学理论，在汉语教学中形成或提出的教学（学习）范式。这种教学（学习）范式以一定的对外汉语教学或学习理论为依托，围绕特定的教学目标，提出课程教学的具体程式，并对教学组织和实施提出设计方案。它既是一种形而上理论的反射体，又具体落实到教学中的一招一式，是细化到课堂教学每个具体环节、具有清晰的可操作性的教学范式。例如，法国巴黎东方文化语言学院白乐桑教授提出的重复练习的教学模式。它以字本位理论为基础，假设外国人通过汉字和汉语语素教学可以掌握汉语，采用"有别于使用拼音文字的语言教学路子"教授汉语。这种教学模式以汉字为形式目标，以初级阶段的口语表达能力为实际目标，通过对200、400、900三组具有不同使用频率、重现率、组合能力的汉字采用"滚雪球"的方式进行教学，实现其教学目标。

当然，也许由于文献信息的局限性，也许由于该模式还只是停留在理论应用的假设阶段，我们对于这样一种教学模式在具体教学中的应用程序还无法了然，而这是一种新的教学模式最需要阐明的一个环节。

一个好的或者说成熟的教学模式自然需要经过规模性的、反复的教学实验验证后形成。无论是从理论假设出发的设计模式，还是根据教学经验升华的经验模式，实验环节是必不可少的一环。例如，对外汉语教学界已经操作多年并达成共识的"基础阶段句型教学模式"，就是根据早期的"听说法"的理论，把汉语语言组合规则形式化为200个左右的基本句式，并假设通过这些句式的教学可以让学生获得汉语基本的规则并具备初步的汉语能力。句型教学模式从20世纪60年代开始引进至今，经过多次的演化和改进，从教学内容、句型的梳理、句型教学的程式等方面逐渐规范、成熟，句型教学模式也得到了广泛的应用，成为基础阶段汉语教学的一个主流模式。由陈贤纯提出并设计的"词语集中强化教学模式"是初、中级汉语教学阶段的一个教学模式。该模式借鉴了认知心理学和语言习得理论的一些研究成果，主张在中级汉语教学阶段以词汇教学为重点，把词汇按照语义场进行分类，并使每个词进入相应的语义网络，多个循环的强化记忆，达到大词汇量的教学目标，进而完成语言综合运用能力的培养。这一模式改变了传统的课程设计，取消了精读课，而以词汇课程为主进行教学，通过在大量的短文、对话中重现词汇，练习理解和表达能力。该模式从1998年提出设计思路后，历经4年，进行了三次完整、反复的实验，拟在后续的第四次实验后推出，这样的一种教学模式无疑能给我们的教学提供严谨的范式。

由于对外汉语教学理论研究和教学实践的时间局限，其大多数的教学模式基本处于一种尚未完全定型的探索阶段。与第二语言教学较成熟的教学模式相比，模式的框架和程序还不完整，典型意义还不够突出，示范作用和影响也不够广泛。此外，由于大多数教学模式以借鉴和转化国外第二语言的教学模式为主，或者同时受多种语言教学理论的影响，自然具有多种教学模式的内在影响，而较少反映汉语规律或汉语教学的规律。例如，大多数教学模式尚未形成自己独特的评价标准和方法，缺乏自我监控的系统性；许多模式对教学组织和教学实施中的操作程序没有规范或者描写不细，缺乏可操作性，让使用者不知所为，降低了教学模式的效用；许多模式还只是局限在课程的重新组合和教学管理等非教学内在因素，缺乏理论根基；一些模式停留在理论假设阶段或者经验操作阶段等。虽然从教学模式研究和建设的角度看，我们还不成熟，但对外汉语教学法理论研究和教学实践中仍有不少具有特色、富有新意的教学模式或雏形。

1. 分技能教学模式

这是基础汉语教学阶段的一个教学模式，受到听说法、功能法、交际法等多种教学模式的影响。该模式认同交际技能的培养是语言教学的根本目的,认为分技能教学是语言教学的最佳途径,因而主张以汉语交际技能为培养目标,以汉语综合课为教学的核心内容,按照语言技能项目设置课程。

2. 语文分开、集中识字教学模式

这是初级阶段针对欧美学生学习汉语的一个教学模式。该模式受传统的识字教学方法的启发,结合了汉字以及汉字学习的特点。在教学程序和教学安排上,该模式主张把口语教学和汉字教学分开,先语后文;把汉字教学中的写字教学和识字教学分开,先写后识。

3. 实况视听教学模式

这是中、高级教学阶段培养学生新闻视听能力的一种教学模式。该模式借鉴了交际教学法和话语分析法的一些主张,提出让学生视听实况材料,培养学生接受真实信息并直接用于实际生活需要的技能。

4. 汉语交际任务教学模式

这是短期汉语教学的一个教学模式。该模式借鉴了交际教学法中的任务式大纲模式,以提高汉语交际能力为目标,以功能—意念大纲为基础,从汉语语言交际的实际需要出发,把语言交际内容归纳为一系列交际任务项目,并按语料难易和繁简程度分级。该模式主张以交际任务为教学组织单位,让学生通过大量的交际性操练掌握相应层级和数量的汉语交际任务项目,提高学生的汉语交际能力。

此外,以图片为基础的汉语教学模式、以挖掘潜能为基础的汉语速成教学模式、以语言微技能训练为重点的听说技能训练模式等都是对外汉语教学实践具有一定典型意义的教学范式或模式设计。

实际上,在对外汉语教学实践中隐含着大量的教学模式雏形。这些雏形具备了模式的部分特征并且具有一定的示范意义和明显的应用价值,需要我们去挖掘、开发、梳理。正因为如此,我们才有理由提出进行相关课题的分析研究。

四、汉语教学模式化研究的意义

进行汉语教学模式化的研究不仅是教学实践发展的需要,也是教学法理论系统化、完整化的需要;不仅是提高教学质量的需要,也是向海外广泛推广和普及汉语教学的需要。

1. 连接基础研究和教学实践,形成系统一体化研究

我们对汉语教学的研究,习惯采取以分析思维为主导的研究方法,基础研究和教学应用研究被割裂,分别重视对教学各部分进行细致的研究而忽视对各部分相关关系或者基础

与应用的一体化研究。教学模式的研究可以帮助我们从总体上从系统论的视角去综合认识和探讨教学过程内外部因素之间的关系及其多样化的表现形态，有利于我们形成一体化的系统研究，促进对外汉语教学的整体研究水平。

2. 建立自己的品牌和输出规则

教学模式作为一种具有典型示范意义的教学范式，同时具有一种品牌效用。我们在推广和普及汉语教学工作中必须建立自己的、有说服力的品牌，必须具有国际意识，即国际领先和模式输出意识。近几年来，汉语教学的外来模式越来越多，对我们自身的汉语教学冲击也渐有显现。这种冲击，从交流和学习的角度看是大有益处的，我们责无旁贷地应当占领这一教学领域的制高点，在汉语教学国际化进程中，掌握制定规则、输出规则的主动权，不能再像其他领域那样被动地接受别人的规则。创建新的具有品牌意义的教学模式是我们能够继续领先世界汉语教学潮流的一项重要举措。

3. 缩小与国际第二语言教学法研究水平的差距

第二语言教学实践的发展历史实际上就是语言教学模式的发展史，对外汉语教学在教学法上的每一次变革都主要是受到国外相关的教学模式的影响而出现的。现行的对外汉语教学法与英语作为第二语言教学法的显性差距主要体现在教学模式的欠缺和不成熟上。创建好的教学模式对带动优秀品牌教材的编写、优秀教师的培养、品牌课程的形成都有推动作用。

4. 实现教学创新

教学改革与创新是当今任何一种教育项目、教学形式都面临的重大课题，而我们的汉语教学由于受到多种条件的制约，教学法研究和应用水平相对落后，缺乏创新。通过对汉语教学的模式化研究，我们可以形成对外汉语教学学术研究和实践应用的新的增长点，不拘一格、大胆创新，形成教学法的不同流派，以适应更广泛的社会和学习需求。

5. **形成规范化、科学化的教学体系，提高教学效率**

语言教学是涉及多个主体、多项因素的系统工程。没有一定的规范，教学质量和效果很难得到保证。而教学模式是语言教学观念、理论、原则、方法、技巧等的集中体现，是对具体教学实践活动的一个"标准"规范。创建科学高效的教学模式对提高教学效率和教学质量、促进对外汉语教学水平的整体发展起着关键作用。

6. **教学的最优化解决方案**

教学模式必须立足于典型示范意义和广泛应用价值，这是针对当前各方面条件提出的一种解决当前任务的最优化方案。随着理论研究的深入和教学实践的发展，教学模式也将不断推陈出新、改进完善，从而得到使用者的认同。

汉语教学的模式化研究是一个迟到的课题，也是一个极有意义的课题。回首国际第二语言教学的发展历程，正是对第二语言教学的模式化研究吸引和造就了无数著名学者。对外汉语教学虽然还只是一个年轻的学科，有许多亟待解决的课题，但从教学模式化角度分析对本体理论、教学理论、学习理论进行系统研究有特殊的意义，这种研究必将推动对外汉语教学事业的发展。

第二节　语文分开，集中识字

集中识字是我国传统的识字教学法，由于这种方法是根据汉字的特点创造出来的，符合识字教学的规律，所以我国儿童通过这种方法可以在短期认识大量汉字，快速提高书面阅读的能力。

但外国人能不能运用集中识字学习汉语呢？笔者认为，也是可以的。因为"学习的主体虽有儿童和成人之分，母语有汉语和外语之分，但只要是人，其学习汉字时的感知、记忆、联想和思维过程都存在共同的规律，相似处大于差异处。"因此，如果我们在课程的总体设计和教材的编写上考虑到外国人学习汉语的特点，对他们进行集中识字教学也同样会获得成功。

最近几年，为了解决外国人难学汉字的问题，更准确地说，为寻找一种既有利于他们学习口语，又可以减轻他们学习汉字的难度，快速提高他们阅读能力的方法，我们把传统的集中识字的方法引入对外汉语教学中。通过不断地摸索和实验，我们在口语教学和汉字教学两个方面都取得了较好的教学效果。

下面将对我们的总体设计和集中识字的具体做法及教学效果做介绍。

一、总体设计

我们的总体设计可以概括为两个"分开"和两个"先后"。

第一是"语文分开"，即把口语教学和汉字教学分开。具体做法是：口语课作为独立的课型，只进行口头交际的听说训练，整个基础汉语教学阶段的口语教学都借助汉语拼音来进行。汉字教学另设课型，另编教材。

第二是"识写分开"，即把汉字教学中的写字教学和识字教学分开。具体做法是：分设课型，分编教材。写字教学的目的是使学生了解汉字的构造规律，使学生掌握书写汉字的基本技能。教学重点放在教独体字和构成汉字的偏旁部首上，步骤是先教独体字，再教合体字，按照汉字结构的规律，先易后难，循序渐进地进行。识字教学的目的是使学生建立汉字形、音、义之间的联系，重在对汉字的认读。识字教学采用集中识字的方法，以便快速提高学生的阅读能力。

两个"先后"，一个是"先进行口语教学，后进行识字教学"。也就是说，在学生具有一定的口头交际能力之后再进行识字教学。具体地说，我们在初级口语教学进行了一半（大约120学时）以后再开始集中识字教学。另一个是"先进行写字教学，后进行识字教学"。也就是说，在学生了解了汉字的构造规律以及掌握了书写汉字的基本技能后再进行集中识字教学。

在教学初期我们只开两门课，一门是口语课，另一门是写字课。在课时上我们将大量时间用于口语教学，少量时间用于汉字教学，见表5-1。

表5-1　口语课和写字课的课时安排

1	2	3	4
口语课			写字课

在识字教学阶段，课时的安排不变，只是把"写字课"改为"识字课"，见表5-2。

表5-2　口语课和识字课的课程安排

1	2	3	4
口语课			识字课

二、总体设计的意图

（一）为什么要"语文分开"？

笔者认为，除了汉字本身的特点以外，造成外国人学汉语难的主要原因是在基础汉语教学阶段采用"语文一体"的教学模式。

"语文一体"的模式适合教授使用拼音文字的语言。英语、法语等语言，其文字是拼音文字，在教材编写上采用"语文一体"的做法是很自然的。因为，文字可以辅助发音，会了发音又有利于记忆和书写词汇，所以"语文同步"。听、说、读、写并进，对"语"和"文"两方面的教学可以起到相互促进的作用。汉字不是拼音文字，采用这种模式来进行汉语教学，效果就截然不同了，"语"和"文"双方起的不是促进作用，而是阻碍作用。

拿口语教学来说，口语的内容用汉字来书写，由于汉字字形不表示音素的组合，学生认读困难，所以必然要拖口语教学的后腿（其实汉语作为"非形态语"，对初学者来说，口语比"形态语"要容易学得多）。

拿汉字教学来说，"语文一体"的教材必然形成"文从语"的教学模式，即汉字教学服从于口语教学，也就是说，学什么话就教什么字。汉字的形体构造是一个有规律的、可进行分析的系统。汉字的基本笔画构成少量的独体字和偏旁（部件），由这些独体字和偏旁（部件）构成大量的合体字。汉字书写教学适合采用先教独体字和偏旁（部件），再教合体字这种由易到难、由简单到复杂、循序渐进的方法。而"文从语"的结果，使汉字出现的顺序不可能按照汉字书写教学的系统性来进行，这样必然导致汉字的书写教学变得杂乱无章。

从培养学生的书面阅读能力来说，"文从语"的做法，在教材的编写上要从口语教学的要求和原则来考虑。口语中能独立运用的最小的造句单位是"词"，所以教材中也自然要以"词"作为教学的基本单位，不可能以"字"作为教学的基本单位。在教"中国"一词时，必然只介绍"China"这一词义，而不会介绍"中"和"国"两个字的字义。这种方法考虑的是"识词量"，而不是"识字量"。学生虽然学了一定数量的词汇，但所学的汉字数量是不多的，而决定一个人汉语书面阅读能力的是"识词量"，还是"识字量"？笔者认为是"识字量"。因为"词"是由"字"构成的，有限的汉字构成了无限的词。知道字音可以读出词音，知道了字义便于理解词义，"字"学得越多，会念的"词"就越多，了解的"词义"也就越多。也就是说，"识字量"决定了"识词量"。因此，要想快速提高学生的阅读能力，就要想办法提高学生的"识字量"，让学生多识字、快识字，而"文从语"的做法从识字教学的角度来看，识的字不仅量少，而且速度又慢，不可能快速提高学生的阅读能力。

总之，无论从汉语的口语教学还是从汉字的书写教学和识字教学方面来分析，采用"语文一体"的模式对汉语教学来说都不能算是一种最好的方法。

"语文分开"，借助拼音来教口语，使口语教学可以不受汉字的阻碍，从而可以快速提高学生的口语听说能力。另外，"语文分开"更有利于汉字教学。因为这样做，既可以按照汉字结构的系统性来进行汉字书写教学，又可以进行集中识字教学。也就是说，只有把"语"和"文"分开了，才有可能把汉字教学化难为易，才有可能快速提高学生的阅读能力。打个比方来说，采用"语文一体"的做法像是把一个人的两条腿绑了起来，哪条腿也迈不大，"语文分开"等于是松了绑，结果两条腿都可以迈大步，走得也就快了。

（二）为什么要"先进行口语教学，后进行识字教学"？

中国孩子采用集中识字的方法能在短期内认识大量的汉字，一个重要因素就是他们在识字前已具有一定的口语能力。著名心理学家艾伟曾通过实验研究儿童识字问题，发现："字音掌握的难易也与该字（词）在口语中出现的机会有关，口语中说过的字（词）感知和发音就比较容易。"也就是说，学生的口语水平越高，识字就会越容易、越快，具有了较强的口语能力能对识字教学起促进作用。最初我们用日本学生做集中识字实验，并和口语教学同时开始。结果日本学生一天识25个字也是不容易的。这次实验后，我们认识到识字课应该晚点儿开，先让他们学一段口语，等他们具有了一定的口语能力后再进行集中识字，这样可以减轻他们识字的难度。后来，我们和瑞士苏黎世大学合作进行的集中识字教学实验，就是在他们用拼音课本教了三个多月口语（每周12学时口语课，1学时写字课）后进行的，效果明显好多了。在20天中，每天只用一学时教识字，结果瑞士学生识了633个汉字，平均每天识30多个字，比日本学生识的字还要多。如果先对日本学生进行口语教学，后进行识字教学，他们识字的速度会更快。

（三）为什么要"识写分开"？

我们认为，写字教学的目的和内容与识字教学是不同的，两者很难统一。写字教学重在字形教学，是为了让学生了解汉字的构造规律，教学应该是按照汉字形体构造的系统性来安排的，适合采用先教独体字和偏旁（部件），再教合体字这种由易到难、由简单到复杂、循序渐进的方法。而识字教学重在字音教学，重在对汉字的认读，识字教学要在短期内让学生识大量的汉字，由识字过渡到阅读，所以识字课本中汉字出现的顺序不可能照顾到字形结构的系统性。"识写分开"的另一个目的是分散难点。汉字的"书写"比"认读"难得多。如果"识写不分"，在识字教学的同时进行写字教学，那么，写字教学一定会拖识字教学的后腿。为此，我们把"识写分开"，编写了两种课本，一种是写字课本，另一种是识字课本。

（四）为什么要"先进行写字教学，后进行识字教学"？

前面已经讲了，识字教学适合安排在口语教学之后，那么写字教学安排在识字教学之前还是之后呢？笔者认为安排在识字教学之前为好。这是因为：（1）通过写字教学，使学生了解了汉字字形的构造规律并具有了分析和书写汉字的能力后再进行识字教学，这样对识字教学会起到一定的促进作用。（2）如果把写字教学放在识字教学之后就太晚了，所以安排在教学初期较好。另外，写字课由浅入深、循序渐进、有规律地进行，学生不仅不会感到困难，而且还会被汉字文化的魅力吸引，从而对学习汉语产生浓厚的学习兴趣。

三、集中识字教学

（一）编写教材

在编写识字课本前，我们思考了这样几个问题：

（1）集中识多少字？

（2）集中识哪些字？

（3）每天识多少字？

（4）怎样进行集中识字？

（5）怎样由识字过渡到阅读短文？

我们把初级汉语教学阶段的识字量确定为 1000 个左右，而且这些汉字应该是最常用的、使用率最高的。我们把每天的汉字识字量确定为 25 个左右。

让学生识 1000 个最常用字基本上就达到了基础汉语教学的要求。每天用一个学时让学生识 25 个字，40 天识 1000 字，这个速度是相当快的。

对于怎样进行集中识字，具体地说，就是怎样才能让学生一天识 25 个汉字，我们在编写识字课本时是这样考虑和设计的：由于汉字字形不表音，所以要想记住字音、字调，就必须进行多次反复的认读练习。另外，如果每天把 25 个汉字孤立地教给学生，学生很难记住。因此，要想让学生在尽可能少的时间里记住较多的汉字，教材上就要满足两点：一是要连字成句；二是句子的含字量要大，但句子又要短小。这样既好读，又使学生在最短的时间里可以获得最多的重复认读的次数。为了做到这两点，我们把 25 个左右的汉字编成一个句子，而且句子中尽量不重复或少重复用字，使句子既含有 25 个新汉字，但又短小、上口。

如第一句：他一九八七年三月二十六号下午五点零四分钟到北京。

这个句子用 23 个汉字组成，10 个数字都出来了，而且没有一个重复汉字，念一遍只用十几秒钟。如果学生把这个句子念下来，就识了 23 个汉字。

第二句：王先生是位非常有经验的老师，在这儿教我们学习现代汉语。

第二句用了 25 个新汉字，也没有一个重复汉字。

我们共编写了 50 个这样的短句，一课一句。每课分为三部分，第一部分是用拼音和翻译介绍短句中的字音、字义和词音、词义。第二部分是用汉字书写的短句。第三部分是用本课新学的汉字与学过的汉字进行组词。

如第一课的组词：

一九九四年　一九九五年　一九九六年　一九九七年

十一　十二　十三　十四　十五　十六　二十

一月　二月　三月　四月　五月　六月　七月　八月

九月　十月　十一月　十二月

一号　二号　三号　四号　五号　六号　十五号　二十号

一点　三点　四点　五点　六点　七点　八点　九点

六点半　差十分四点　半年　一年半　三年　五年

在第一课的组词中把年份、月份和小时的表达法都给列出来了。每课组词的数量控制在 30 个左右，基本上都是常用词。编写组词这部分的目的是利用汉字的构词性让学生在识字的基础上扩大识词量。

为了使学生由集中识字过渡到阅读短文，我们在 50 课中，每隔 5 课插入一篇短文，短文用前面所学过的字词写成，字数在 500~800 字之间。

（二）具体教法

教学进度设计为一天一课（每天教一个短句，25 个左右新汉字）。在实际教学中，开始学生可能觉得较容易，所以可以快一点儿，然后再逐渐放慢速度。第一天可以教三课，第二天、第三天、第四天每天可以教两课，从第五天以后每天教一课。也就是说，前五天可以让学生识 250 个汉字。

每课的教法是，在课堂上，从单字开始，由字音、字义到词音、词义，最后到朗读短句。课堂上可以让学生念，也可以老师领读。最后教师留作业，让学生课下跟着录音反复朗读新学的短句。第二天上课先是复习和检查对所学过的短句的认读。所谓复习，就是对已经学过的短句从第一句开始进行朗读，以防遗忘。因为短句不长，念一遍只用十几秒，所以用几分钟就可以把学过的短句复习完。复习的方法是让学生个人单念和集体齐声朗读相结合。复习之后检查前一天新学的短句，方法是让学生一个一个念，老师进行正音、正调。我们认为，对汉字认读的次数越多，学生识字的能力就越强。我们编写的句子之所以写得短小，含字量大，尽量不重复用字，目的就是在课堂上能让学生多重复认读，因此，课堂教学的原则就是尽可能增加学生反复认读短句的次数。

在学生能把新学的短句念下来以后，再让学生念组词部分的词。对这部分词重在让学生认读。对于词义，有的词他们在口语中已经学过，在这儿只是和汉字对上号，如常常、经常、现在、上午、明年等；有的词他们根据字义可以推解出词义，如中餐、西餐、中学、小学、鞋店、古人、古代等；有的词通过简单的讲解可以使学生理解，如祖国、字母、作家；有些不容易理解的词可以让学生查阅词典。在让学生认读这部分词时，教师可以利用所出的词语进行一定的口语练习。

对于每学习 5 课后所插入的一篇短文，主要是让学生朗读。对于短文中学生不懂的词或句子，教师要进行必要的讲解和说明，方法像一般的短文教学一样。

我们的教法可以归纳为：短句天天念，学新不忘旧，以句带词，以词带字，以字组词，识字和阅读相结合。

（三）教学效果

不论是日本学生还是欧美学生都可以在不影响口语教学的情况下，每天一学时，用 35 天学完 40 句，识 1000 个字，平均每天识近 30 个字。我们使用"语文一体"的教材，

100 天识 800 个字，平均每天识 8 个字，也就是说，集中识字的方法在速度上要快三倍多。另外，用集中识字的方法，学生识字量大、吸收新词语的能力强，所以他们的阅读能力提高得就快。

集中识字教学的另一个优点是在阅读的内容上更能满足外国成年大学生的需要。因为过去用"语文一体"的教材，阅读课文往往是和口语的内容配合，内容浅显、乏味。而和集中识字配合的阅读短文，不仅在文体上可以使用书面语的词汇和句式，而且内容上也可以写得较富有文化内涵和文学色彩，从而达到了阅读教学的真正目的。

实验证明，采用两个"分开"和两个"先后"这样一种总体设计，确实使我们在"语"和"文"两个方面都可以取得更好的教学效果。

首先是口语教学，由于不受汉字的阻碍，学生不仅学起来容易，而且速度快，掌握的词汇量也比使用"语文一体"的教材要大得多。

其次，汉字书写教学由于按照汉字形体结构的系统性来进行，减轻了学生学写汉字的难度，激发了他们的学习兴趣，受到了他们的欢迎。通过这样的教学，学生学到的不仅是对一些汉字的书写能力，而且是一种分析和记忆汉字的能力，这为他们以后的学习打下了坚实的基础。

最后，识字教学由于采用集中识字的方法，虽然用的时间少，但学生的识字量大，从而达到了快速提高他们阅读能力的目的。

我们的体会是：要从根本上解决外国人汉语难学的问题，前提是要有一套合理的符合汉语和汉字特点的总体设计。

第三节 词汇集中强化教学模式

对外汉语教学事业有了很大的发展，成绩也很显著。但是由于我们对语言习得过程缺乏了解，以至于除了语音阶段和句型阶段以外，我们的教学从总体上来说仍然存在问题，效率比较低，主要是词汇量问题没有解决，导致学生的交际能力上不去。这里提出一条改革思路：要在两年内解决学生的汉语交际能力问题，词汇量达到 2 万。

一、语言习得的心理过程

（一）习得与学习的区别

克拉申的习得与学习假设对语言认知研究产生了巨大的影响。现在外语教学界差不多人人都在谈论习得。克拉申认为习得是儿童获得第一语言的途径，是下意识的、隐含的，而学习则是有意识的，是正规地从语言学方面来理解语言，就像现在我们的课堂教学那样。他经过研究得出结论——要获得一种语言，习得是首要的，而学习则是辅助性的，而且他认为学得的语言知识不可能转化为习得，也不能用来自然地表达思想。克拉申的另一个重要理论是他的输入假设：我们是通过可懂输入习得语言的，注意力集中在信息上，不是集中在语言的形式上。实际上克拉申已经否定了我们现在外语教学的很多做法。

因为我们的外语教学既是有意识的学习，又把注意力过分集中在语言的形式上，所以对于克拉申的理论，我们多数人有一种复杂的感想——既觉得它有道理，又觉得它有些片面，但是对它的得失对错又说不太清楚。我们每个人都有体会，语言确实有很多东西是习得的，学语言跟学数理化不一样。但是如果不像现在这样学，那又该怎样学？

克拉申的语言习得理论中有一个很重要的假设是：人类头脑中有一个语言习得装置，当可理解的语言信息输入大脑以后，这个语言习得装置就会自动地习得语言。虽然他对这个语言习得装置的内部结构没有做任何说明，但是我们可以从乔姆斯基的理论中找到解释。乔姆斯基认为语言是生成的，因为人脑中存在着普遍语法，世界上所有语言都有某些共同的原则，这些原则是遗传的，是人类头脑中固有的。婴儿生下来头脑中就有一些语言参数，这些参数的值处于待定状态。婴儿生活在某种语言环境之中，某种语言不断输入，这时参数值就得到确定，并且形成特定语言的语法。这样，乔姆斯基就对人类为什么能够习得语言做出了解释。

虽然第二语言习得与第一语言习得有很多不同之处，但我们没有足够的证据证明这两者在本质上是不同的，因此没有理由认为第二语言可以通过学习的方法获得。这样，我们要研究的就是怎样用习得的途径来进行对外汉语教学。

（二）知识的分类

我们可以对知识做各种分类，但是近年来认知心理学家将知识分成了两类：一类是陈述性知识，另一类是程序性知识。

陈述性知识是关于事物是什么的知识。比如我们知道三角形是有三条边的封闭的平面图形，这就是陈述性知识，我们能够回答"三角形是什么"这样的问题。陈述性知识在记忆中的储存形式是命题，表示陈述性知识的基本手段也是命题。

程序性知识是关于怎样做一件事的知识。例如，我们能够将大大小小的三角形从其他各种图形中分出来，这就是程序性知识。

当陈述性知识被激活的时候，结果是信息的再现；当程序性知识被激活时，发现结果不是简单的信息再现，而是信息的转换。我们可以看出，陈述性知识是定义性的，而程序性知识是操作性的。因此陈述性知识是知其所以然的知识，而程序性知识只要知其然，不一定要知其所以然。

表示程序性知识的基本手段是产生式。什么是产生式？产生式可以用条件——操作规则来体现。如果存在某种条件，那么操作就可以按照规则产生。一个产生式有两个分句，首先是表示条件的 if（如果）分句，然后是表示操作的 then（那么）分句。例如：

if（如果）图形是平面的

而且图形又是三条边的

而且图形又是封闭的

then（那么）就把图形归类为三角形

因此程序性知识有两个方面。一个方面是形式识别程序，这就是 if（如果）分句的内容，这是识别与区分刺激物的能力。另一个方面是操作程序，这是 then（那么）分句的内容，是执行一系列操作的能力。所以学习程序性知识首先要学会辨认形式，然后要学会执行一系列的操作。

区分陈述性知识与程序性知识对于外语教学和对外汉语教学非常重要，因为这两种知识的获得过程非常不同。

陈述性知识的获得是新的命题与记忆中原有的相关命题建立联系然后储存在命题网络中的过程，所以获得陈述性知识相当于创造意义。学习一个复杂的理论问题，需要对理论进行分解，使理论中的新命题与学习者的已知信息逐一建立联系。建立起了联系就是建立起了意义，就对理论产生了理解。如果不能建立联系，那么就不能获得意义，这时候就需要老师进行分析讲解，帮助学生在新命题与已知命题之间建立联系。联系建立起来的时候就是知识获得的时候，学生就会说："懂了。"学习陈述性知识是懂不懂的问题，学习陈述性知识时老师的讲解是必要的。

程序性知识并不是以命题的形式储存和表达的，而是以产生的方式存在的。学会一个产生式，必须学会辨认形式并且学会一系列操作。学会辨认形式可以通过经验，而不通过老师的讲解。例如，儿童在上学以前就能够习得数以千计的词，这些词主要靠他们自己在经验中概括和区别获得。并且适当地指出形式之间的区别特征对于学习是有利的。形式识别程序完成以后就为操作程序做好了准备。学习操作先得用陈述性的形式来表示操作的一系列次序，然后按次序一一操作。操作程序的获得是一个缓慢的过程，而且常常会遭遇挫折。这与陈述性知识的获得过程有根本的区别。学习陈述性知识只要懂了就算会了，学习程序性知识懂了并没有会。学习程序性知识主要的方法是练习操作。

对外汉语教学中的知识是什么知识？当然既有陈述性知识又有程序性知识。学生应该着重学习什么知识？那要看学汉语的目的。如果是是为了研究汉语，那当然以学习陈述性知识为主。如西方的一些汉学家，他们掌握了很多汉语知识，但他们不能用汉语交际，那些知识都是陈述性知识。当然这样的情况很少，多数人学汉语是要把汉语当作交际工具。用来交际的汉语知识是技能性的，是程序性知识。我们把语言技能分为听、说、读、写四种。

汉语的表达方法包括语法、词汇等，都是既有陈述性知识又有程序性知识。比如语法，写在书上的语法都是陈述性知识，讲解已经归纳出来的语法知识就是讲解陈述性知识，而存在于人们头脑中用来指导交际的语言规则是程序性知识，与写在书上的语法是两回事。即使把书上写的语法都背下来装在脑子里，那也还是陈述性知识，可以用来应付考试，也可以用来做研究，但是不能用来交际。因为程序性的语法规则是从反复操练中获得的，所以反复操练是语言习得的首要条件。

陈述性知识作为研究的对象，可以讲出很多道理来，所以无论语音、词汇、语法还是文化都有很多人在研究，并且已经发表了无数的论文和专著。程序性知识是潜在的，我们意识不到它的存在，所以无法进行研究。心理学和生理学研究表明，人的大脑两个半球的分工是不同的。根据这些研究，我们可以推测出，学习陈述性知识是大脑左半球的功能，学习程序性知识是大脑右半球的功能。大脑右半球的程序性知识是无法表达的，如果要表达就得通过左半球去寻找适当的词语，一旦表达出来就成了陈述性知识，而不是程序性知识本身。所以即使你听懂了这样的表达，仍然学不会程序性知识。例如，一个人要学骑自行车，别人告诉他怎样骑自行车，他虽然听明白了，但只要一上车，他照样摔跟头。只有自己不断地练才能练会。研究表明，对于词语和语义的记忆是在大脑的左半球，对于技能的记忆是在大脑的右半球。如果用学习陈述性知识的方法学习语言，那么学来学去知识都在大脑的左半球，不可能在右半球形成交际的技能。

程序性知识是动态的，是信息的转换。听、说、读、写四项技能的运用都是转换。说、写是从意义转换到表层形式，听、读是从表层形式转换到意义。转换是对环境的反应，因此程序性知识与环境相联系。用汉语交际也需要一定的陈述性知识，但通常层次的汉语运用并不需要陈述性知识的深度，只需要一些基本的知识，这些知识反映在练习操作之前的形式辨别与操作步骤的说明上。

认知心理学对知识的这种划分与克拉申的习得理论是一致的，用学习的方法只能获得陈述性知识，要获得程序性知识必须用习得的方法。

虽然我们能够分清这两类知识的差别，可是在教学中我们常常搞错，在应该按程序性知识教学时，却大讲陈述性知识，而且还自以为这样才学得扎实，因此讲解太多。尤其是陈述性知识较多的老师，很想把自己的知识传授给学生。陈述性知识靠传授，程序性知识靠练习。在初、中级阶段学生需要的是练习，所以传授的方法就导致教学进入误区。但更大的问题是，现在的教材是按学习陈述性知识的思路编写的，因此改革必须从总体设计和教材着手。

（三）语言习得的两种心理机制

1. 生成机制

语言是生成的，人们并不需要学习实际存在的每一句话，而是可以通过规则来造句。这一点是人们所共知的常识，行为主义心理学和结构主义语言学也都承认这一点，否则教授语法结构就没有意义。听说法的替换练习就是一种语言生成练习。但这种在意识指引下的组词造句并不是现代意义的语言生成。现代生成语法理论的要点是人的语言能力具有一种生物学的规定性，是先天的。人脑中存在着一种无意识的语言规则，在语言环境的影响下，语言会根据这种无意识的规则生成。学龄前儿童没有学过任何语法规则，但他们到五六岁时已经能够说很地道的母语。一个成年人滔滔不绝地讲话，他的脑子里根本没有用意识指引造句的过程。显然语言是在无意识的生成机制下产生的，可见生成机制在语言习得过程中起着重要的作用。当然人们在意识指引下也可以组词造句，但那不可能形成流利的语言交际能力，这样的组词造句属于另一种认知系统的机制。

2. 记忆机制

生成机制只是语言习得过程的一部分，而不是全部。另一种重要的机制是记忆。首先，语言不仅仅是语法，还包括更广泛的内容，如语音、词汇、语义等。语符与语义的关系是约定俗成的，很多表达方式是习惯性的。既然是约定俗成，那么就没有什么规则可言，生成机制在这时候就不可能起作用，只有记忆系统才可能习得这些表达方式。语言的大量词语、惯用语、固定结构以及"对什么人在什么场合和什么时间用什么方式讲些什么和不讲什么"等，这些都靠记忆，无法生成。其次，大量的语言事实表明，即使是语法规则也存在着不少非规则性的例外，语言的规则显然并不是那么整齐划一。什么时候是例外，这也需要记忆。例如，在研究儿童语言习得时人们常常发现孩子们会过度使用语法规则。一个刚学会用 -d 或 -ed 来构成动词过去式的儿童会把这一规则同样应用于不规则动词，产生 comed、doed 和 breaked 这样的错误。这样的例子不但证明语法规则是生成的，也证明仅仅靠生成并不能保证生成出来的句子都是符合习惯的、能够被人们接受的。当孩子们在进一步学习中对此加以纠正，学会了 came、did 和 broke 的时候，说明记忆机制在他们的语言习得中已经起了作用。心理学家们对语言习得中记忆的规律已经做过很多研究，这些都对我们有重要的指导意义。

二、对现行总体设计的评价

（一）语音教学与句型教学是成功的

应该肯定，目前对外汉语的语音教学基本上是成功的。语音作为汉语学习的开始，一定要打好基础，所以语音一定要从单音教学开始，让学生明确地知道汉语的语音特征，然后逐渐从单音到音节，再从音节到语流。语音阶段要有大量的口腔练习，从模仿开始，把汉语的声母、韵母和声调练得滚瓜烂熟。但是由于学生接受新语音的能力不一样，要做到人人语音标准实际上是不可能的。

目前最成功的是句型教学。在较短的时间里把汉语的基本语法集中起来进行强化训练，几十年的实践证明这种方法是有效的，而且效率比较高。在句型阶段，教师觉得教学很顺，学生觉得学得很充实，每天都有进步，三个月下来就惊喜地发现自己有了很大进步。因此句型教学受到普遍的欢迎。这是结构主义语言学和行为主义心理学在外语教学中留下的丰碑。句型教学的优点在于它对语言的基本结构进行集中强化训练，能够在较短的时间内给学生打下一个良好的基础。这个基础对于进一步学习无疑是非常重要的。克拉申的输入假设确实有道理，但输入必须可懂，我们可以用句型教学的方法帮助学生尽快地掌握语言的基本结构，以便尽快地达到对汉语材料的理解。与早期的句型教学不同的是，我们现在的句型教学已经不仅仅是机械的句型替换，而是把新句型编进了对话和课文，这样就有了一定的语言情景。如果说目前的句型教学还有什么不足的话，那就是强化的程度不够高，学生对每一种句型还没有达到滚瓜烂熟的程度。

从语音教学和句型教学的成功我们可以清楚地看出，语言教学有两点是非常重要的：第一点是目标要明确，第二点是集中强化。

（二）句型阶段以后的路子走错了

在句型阶段结束以后，我们开始了短文教学和以较长的文章为课文的精读课（或者称为综合课）教学。这时候效率就越来越低，这是教师和学生的共同感受。学生觉得学得很辛苦，但是收获不大。

我们走了短文教学和精读课的路子，正是这一步，令我们走到了误区。对于教什么、学什么，我们失去了目标。语音阶段和句型阶段我们的目标非常明确，必须把这么多东西学完。学会了这些东西就掌握了。但是短文和精读课阶段我们的目标是什么？有什么是必须学的？无论短文课还是精读课都是以课文为核心，编教材的时候是先选课文，然后从课文中挑生词、找语法点，最后编练习。为什么要以课文为核心来教学？走这一步有什么道理？选课文的时候为什么一定要选这篇文章，选另一篇文章不可以吗？实际上是选到什么算什么，带有很大的偶然性。课文里有什么词语就学什么词语，课文里有什么语法就学什么语法，碰到什么学什么。教学内容的不确定是因为我们的教学失去了方向，不知道应该教什么了。在语音和句型阶段，我们没有以课文为核心，句型阶段以后为什么觉得一定要以课文为核心呢？语言三大要素：语音、语法、词汇。首先，在对语音和语法进行强化训练时，按理应该对词汇进行强化教学。以课文为核心的精读课显然不是对词汇的强化教学。其次是放弃了集中强化的手段。语音和句型阶段我们很少讲解，把时间尽可能地用于操练，务必要把所学的内容练得滚瓜烂熟。这是很清晰的程序性知识习得思路，我们成功了。到了短文阶段，课文中出现的语言点显得零零散散，而且不能像句型阶段那样进行大量操练，词语和语法只能以老师讲解为主。课文后虽然附有一些练习，但这种练习不再是集中强化的操练形式，练习做完了并不能留下多少印象。这样我们不知不觉地放弃了程序性知识的习得方法，而代之以学习陈述性知识的方法。

尽管外语教学流派林立，各种教学法风靡一时，但它们都不过是初级阶段的教学方法，都没有涉及中级阶段的教学。在初级阶段，没有一种新教学方法能够离开句型，都不过是在句型教学的基础上做了一些改进的尝试。它们虽然各有长处，但没有一种新方法比句型教学更简洁有力，更容易操作，成绩更显著。因为外语教学不单单是句型教学，语言有更复杂更丰富的内容，仅仅掌握一些基本句型，要用来应对千变万化的语言情景是很困难的。实际上对于我们来说，迫切需要的不是改进初级阶段的教学方法，而是怎样把外语教学深入下去，开拓中级阶段教学的新思路、新方法。

其实很多教师都知道，基本句型以后在教学重点应该转移到词汇上去。词汇量不足是学生汉语交际时遇到的最大困难。某大学"现代汉语词频统计"课题组曾做过研究，汉语的词汇量是4万。英国Lob语料库统计出来的英语词汇总数也是4万。这仅仅是通用词汇，而专业词汇的数量也很大。

我们的学生应该掌握多少词？汉语水平等级大纲选定8822个词作为高等汉语水平考试的主要命题依据。且不说这个数目与4万相差悬殊，只就那8822个词，按现在精读课的路子也是可望而不可及的。

曾经有人说一种语言的词汇量虽然大，但常用词只有几千个，只要掌握常用词就行了。还有人根据这种想法做过统计，如迪勒(K. C. Diller)统计，如果一个学生掌握了2500个常用词，就能读懂读物的78%，掌握5000个词就能获得读懂一般书报86%的能力。这好像很鼓舞人心，但这个统计显然与事实不符。掌握2500个汉语词的学生很多，但他们并没有获得读懂汉语报刊78%内容的能力。问题在于掌握2500个词就能读懂78%这个结论是怎么得出的,是指 2500 个词能够覆盖读物中词语的 78% 吗?可是词语覆盖 78% 与理解 78% 不是一回事。假如一个句子有 10 个词,你只有两个词不认识,好像是能够理解 80%,但事实上你很可能完全没有看懂这个句子。英语的冠词 the 的出现频率是最高的,假如它覆盖读物词语的 8%,那并不是你学会 the 以后就能读懂读物的 8%,事实上你的理解能力仍然是 0。理解是一个复杂的心理过程,并不是那么简单的。

另外,因为非常用词的出现频率较低而可以忽视的看法也是不对的。非常用词虽然在个体上没有常用词出现得多,但它的数量却比常用词大 10 倍,因此从群体上说它跟常用词一样常见。如果你只掌握 5000 个常用词,那么交际中就会不断地碰到生词,而且在不同的场合碰到的是不同的个体,使你的外语交际遭到失败。所以外语教学不能避开非常用词。

三、我们的改革思路

(一)取消精读课

我们说精读课失败的原因,主要不是指课程本身失败,事实上有的老师能把精读课上得很好。我们说它失败,是指它在扩大词汇量这一点上效率太低,以课文为核心的方法不可能迅速扩大词汇量。我们不能不把中级阶段对外汉语教学的失败归结到主课——精读课,它是我们在十字路口迈出的错误一步。精读课的错误在于它太倾向于把语言知识作为陈述性知识来传授。句型教学结束以后,学生听、说、读、写四项技能并没有形成,只是打了一个基础。因此下一个阶段必须继续进行技能练习。这里说的练习并不是指精读课课文后边的那种练习,而是指听、说、读、写的实践。我们要用大量的输入使学生养成听和读的理解能力,这是最根本的。理解能力不够,表达能力当然更谈不上。在词语集中强化阶段,我们要使每一个新词语都在不同的上下文中反复出现。

近几年来我们常常讨论语言习得,有些老师发现成年人已经没有儿童那样习得语言的条件,因此只能用学习的方法来教学。但是没有条件并不意味着可以改变语言习得的规律,用学习陈述性知识的方法去代替学习程序性知识。用于交际的语言知识只能通过习得的途径得到,不可能通过学习的途径得到。实际上儿童学习母语的优越条件在于无所不在的语言环境。如果我们再深入思考下去,就会发现这个优越条件的实质是数量,即儿童习得母语时有足够的听说实践机会,也就是说有足够的练习次数。符合语言习得规律的条件并不是必须像儿童那样生活,而是必须像儿童那样有练习和实践的足够次数。对外汉语教学无法创造像儿童那样生活的环境,但是我们可以创造数量。数量是实质,数量就是语言环境。抓住了数量就抓住了实质,创造了足够的数量就创造了语言环境。我们必须强调输入的数量。精读课那种拿少量材料慢慢读细细讲的办法完全违背了语言习得的规律。

（二）中级阶段的任务——词语的集中强化教学

心理学家在研究记忆的时候对词语习得的规律做过很多研究。词语是以网络的形式储存在记忆中的，孤立的词不容易记住，也不容易检索出来。因此在词语教学中要利用类比、对比、联想、连接等方法，使词语进入网络。假如在初、中级阶段我们的目标是记住两万词语，先要对这两万词语按语义场进行分类，使每个词都进入一定的语义场。假如某个语义场的词数量不多，就可以一次突击学完，或者分两次进行。假如某个语义场的词语数量很多，可以分三个阶段来突击。两万词语（其中近两千在初级阶段已经学过）可分三个循环进行集中强化，按词语的出现频率分配到一至三个循环里。每一个循环里，一个语义场为一课，一课学一个星期。假如第一循环第一个语义场有250个词语，那么先把词表给学生，让学生进行强记。在强记时要听录音，把词形与语音联系起来。教师要利用构词法以及对比、联想、连接等方法帮助学生记忆。词表中汉语词与学生的母语词对译的方法虽然受到很多批评，但这种方法比较简捷，它的缺点可以用语境中的重现练习来弥补。

完成了这250个词语的强化记忆并不是已经记住了这些词。这些词虽然作为网络的一部分互有联系，但这种联系必须进一步加强，信息必须经过进一步加工。如果没有进一步的措施，这些词仍然很容易忘记。另外，记住了这些词也不等于已经能够运用这些词，因为这些词还没有进入语境的信息。词表水平上的记忆仅仅是记忆的初步策略，因此在突击记住了这些词以后下一步要做的是语境强化。教材要使这些词进入语境。语境首先是单句，这是简单的语境，然后是语段语篇。语境训练以听为主，然后是读。如果有必要也应该适当进行写的训练。词语突击记忆是开发大脑左半球的功能，在语境中求得熟练是刺激大脑右半球技能的形成。

假如第一循环有20个语义场，每个语义场有250个词语，那么第一循环下来就积累了5000个词。然后开始第二循环，第一语义场再次出现，但出现的是新词语，这些词语与第一循环已经学过的词语结合成更大的网络。这样依次类推，一直到第三循环完成，词语强化阶段结束。第二循环强化的目标是6000词，第三循环强化的目标是7000词。

假如从零起点开始学习，语音和句型阶段需要一个学期。我们设想词语强化阶段需要三个学期，每个循环一个学期。这样经过四个学期的强化训练，学生就积累了两万个词语。虽然这与汉语母语者仍然有很大的差距，但有了这样的训练以后，听、说、读的能力应该已经基本过关，看一般的书报不应该觉得费劲了。写的能力可能差一些，但是可以在以后继续学习时提高。假如我们把语音和句型阶段称为初级阶段，词语强化阶段称为中级阶段，那么更高目标的专门化训练可以称为高级阶段。为了使这个构想一目了然，我们列出表5-3。

表 5-3　初、中、高级阶段的教学目标

初级阶段	语音句型强化	教学时间：一个学期（约 2000 词）	
中级阶段	词语强化	总目标 18 000 词	
		第一循环	目标：5000 词，教学时间：一个学期 第一课　第一个语义场目标：250 词 教学步骤： 1. 强记词表　再认练习　回忆练习（包括默写） 2. 进入语境单句听读信息在语境中训练　再认提取 3. 表达运用说写信息在语境中练习　回忆提取 4. 总结再次作词表再认与　回忆练习 第二课　第二个语义场　目标：250 词　教学步骤同上 第三课　第三个语义场　目标：250 词　教学步骤同上
		第二循环	目标：6000 词　教学时间：一个学期
		第三循环	目标：7000 词　教学时间：一个学期
高级阶段		各种专门目的的训练	

有经验的教师会发现，这张表在词语强化阶段没有再提到语法。语言中还存在着大量的不同于基本句型的语法现象，这些在中级阶段都必须解决。中级阶段以词语强化为目标，语法教学应该在词语强化的同时完成。但是句型阶段以后语法现象零散而不成系统，到现在为止人们也搞不清基本句型以外还有多少语法点，因此基本句型以后语法教学很难系统化。过去我们是课文中碰到什么语法现象就教什么语法，在词语强化教学的构想中，这一点并没有改变，仍然只能这么做。按程序性知识的习得方法，只要知道这些语法现象是什么就够了。

有经验的老师同样能够预感到实现这个构想的困难在于教材编写。过去精读课教材的编写方法是先找课文，只要课文难易程度合适就可以，然后从课文中挑生词做词表和词语例解，挑语法点做语法注释和练习，因此选课文有很大的自由度。按词语强化教学的构想是先做词表再选课文，课文必须重现词表上的词语，而且要多次重现。课文与生词的关系整个颠倒了，不是根据课文选生词而是根据生词选课文了，这当然难。难虽难，但这并不是不能克服的困难，只不过得花更多的时间。工作量当然很大，但必须试一试。我们不能指望一切都不改变就能提高效率，也不能指望一个小小的改变就能大大地提高效率。

随着我们对语言认知心理过程的进一步了解，外语教学（包括对外汉语教学）总体设计的改革势在必行。如果我们关心外语教学的动态就会发现，如何迅速扩大词汇量的问题正在逐渐成为外语教学研究的热点。

第四节　基础汉语教学模式的改革

这里说的"基础汉语教学"，相当于我国对外国留学生设立的汉语言专业一年级水平的汉语教学；"教学模式"指课程的设置方式和教学的基本方法。如现在国内通行的基础汉语教学模式可以称作"分技能教学模式"，这种教学模式根据技能项目来设置课程，教材采用结构——功能法安排，课堂教学采取交际法和听说法结合的方式。

下面从改革的必要性、现行模式分析（形成、特点、不足）、可借鉴的模式和改革建议四个方面简单说明。

一、改革的必要性

在 21 世纪，对外汉语教学有没有一个教学内容、课程设置、教学方法的改革问题？回答应当是肯定的。理由至少有三个：

1. 目前我国广泛使用的对外汉语教学模式，是在 80 年代定型的。从总体上看，这种模式反映的是 20 世纪六七十年代国际语言教学的认识水平。几十年来，国内外在语言学、第二语言教学、语言心理学、语言习得研究、语言认知研究等跟语言教学相关的领域中都取得了巨大的进步，研究和实验成果数不胜数。但是由于种种原因，目前的教学模式对此吸收甚少。

2. 由于科学技术的飞速发展，人们的工作、学习、生活环境发生了巨大的变化。作为 21 世纪社会发展培养人才的高等教育领域，国内外大学都在探索适应 21 世纪的人才培养模式，进行教学内容、课程设置和教学方法改革等方面探索。作为高等教育一部分的对外汉语教学也应当适应社会的发展，应用社会发展所提供的新的教育思想、新技术、新手段。

3. 迄今为止，我们对国外第二语言教学的教学模式，特别是汉语作为第二语言的教学模式了解太少。学界几乎难以回答下面的问题：目前国外除了我们的教学模式之外，还有没有其他的模式？有没有比我们更好的模式？如果有，是什么样的？我们的教学模式跟人家相比有什么优点？有什么缺点？我们曾经听到不少对我们的批评，但很少看到评价我们的教学模式（甚至教学）不足的文章，也很少看到介绍外国汉语教学模式的文章。

从上述三方面的事实来看，一方面，我们目前使用的对外汉语教学模式在创立之初是一种进步，同时它在教学内容、课程设置、教学方法方面都经历了较长时间，积累了一定的经验。但是在另一方面，这种教学模式几乎封闭性地运行了十多年，在全球都在进行教学内容和课程设置、教学方法改革的今天，我们至少应当对它进行一次严肃的检讨。

二、现行模式的形成、特点和不足

（一）形成

1973年以来，我国基础汉语教学模式大致经历了下述变革过程：

1."讲练——复练"模式（1973—1980）。每天4节课，前两节为讲练课，后两节为复练课。这一模式应该建立在结构主义语言学理论和行为主义心理学基础上的听说法的教学模式。

2."讲练——复练+小四门"模式（1980—1986）。在上述课程设置和教学方法的基础上，为应对学生刚到中国的急需，开设少量的实用口语课、听力课，稍后还开设了阅读课（包括文学阅读课、历史阅读课）、写作课。这一模式的产生有两个背景：一是受到国际上流行的功能法、交际法的影响。二是为了适应学生学习、生活和交际的需要。实际上这是由"讲练——复练"模式向"分技能教学"模式发展的中间状态。

3."分技能教学"模式（1986至现在）。"分技能教学"模式是"讲练——复练+小四门"模式的发展和完善。应当说，这是一种复合型模式。其构成包括听说法的遗留（精读课反映的）、功能法和交际法的影响（小四门反映的）以及中国对外汉语教学的实践经验（模式的构成方式）。这一模式带有一定的中国特色，与国外倾向于依赖单一的教学理论建立教学模式的做法很不相同。

分技能教学模式中的第一种已经运行了十多年，是目前国内各种类型的基础汉语教学中占主导地位的教学模式，各校的课程设置和授课方式大同小异。

（二）特点

现行的分技能教学模式的具体操作特点可以概括如下：

（1）以技能培养为教学目标。按照语言技能项目（听、说、读、写）分设课程。通行的课程设置为精读课（现在流行称"综合课"）、听力课、汉字课（第二学期改为阅读课）。各种课程都是以技能训练为主要内容。说的训练一般通过精读课来完成，也有在后期开设实用口语课的。

（2）教学单元以精读课为核心。每个单元包括精读课两节、听力课一节、汉字课或阅读课一节。精读课的教学内容被假定为整个单元的共核。

（3）在口语和书面语关系上，采用"语文并进"方式，以词汇为教学单位，词汇跟汉字同步学习。

设计这种教学模式的依据是，认为培养交际技能是语言教学的根本目的，并认为这种模式突出了语言技能的培养。

（三）不足

在笔者看来，这种教学模式的不足至少可以从以下三点来讨论：

第一，这种模式不利于学习者对语言项目的掌握。教学设计者希望每一个教学单元都以精读课的内容为共核，其他课程在对精读课的内容进行复练和巩固的基础上，发展到分技能的运用。但迄今为止，还没有看到能够很好地运用共核的教材。特别是现在，除个别学校在固定使用完整的系列教材，多数学校都是多种教材搭配使用，各课型包含的内容差异越来越大，已经远离了模式设计者的初衷。

从具体操作看，在一个教学单元中，精读课的内容包括20个左右的生词、2~3个语法项目、100~200字的课文。在开始的两节精读课中，只能对内容做一个介绍和初步的练习。学生并没有很好掌握，就要变换课型和教学内容（如转入听力课），而第三节课的内容还没有练熟，学生又要转入第四节课的学习。频繁的转换分散了学生的注意力，使每一阶段的学习内容都没有达到应有的熟练度。结果是学了半天，学习者经常感到没有明确的收获。

第二，按技能分课型，未必是学习语言技能的最佳途径。应当承认，课内外的专项技能训练有助于对某些技能的掌握。但是，语言的各种技能是互相关联、协调发展的，各种技能很难截然分开培养。一方面采用听说法培养出来的学生在语言技能方面未必劣于分技能课培养出来的学生；另一方面，我们没有理由假设学习者掌握语言技能的过程像课程设计的顺序那样，是由说到听，再由听到读写。

第三，如前所说，现行模式的一个重大的缺点是，它对近些年来语言学、教育学、心理学，包括对外汉语教学研究的新成果都反应甚微。

三、可借鉴和参考的模式

跟各领域的发展都需要了解国内外的信息、经验一样，对外汉语教学模式也应当借鉴、吸收国内外教学模式和相关领域的经验和成果。

（一）美国明德暑期汉语学校的教学模式

这是一种强化教学的模式，适用于短期速成教学。它以听说法为基本依据，课堂教学采用"讲练——复练"模式，再加上严格的操作程序和管理机制教学模式。其特点是坚持听说法教学，不赶时髦，也没有按技能分课型，教学效率和效果得到广泛的认可。

（二）俄罗斯莫斯科大学亚非学院的汉语教学

他们采用的是汉语言文学教育的思路。这种教学模式不是单纯强调技能训练，而是技能和知识、理论并重，在注重开设技能训练课程的同时，还开设中国历史、哲学、文学、普通语言学、汉语语言学等课程。这是一种适合学历教育的模式。就该校培养的学生来看，这种模式也很成功。

（三）张思中外语教学法

张思中经过几十年实践和研究，创造了一种"简便、易学、快速、高效的外语教学法"，张思中把这种教学法概括为"适当集中、反复循环、阅读原著、因材施教"。他首先教学生集中学习较多的单词，甚至学一册或两册教科书的所有词汇，粗通语法规则，再让学生阅读外文原著，教师做必要的辅导、讲解。正是这种大胆的、很多外语教师开始时难以接受的教学法，却取得了出人意料的效果。由于单词和语法现象的集中，外语发音、词义、构词的规律显现出来了，学习者可按规律去掌握、记忆，得到了化难为易、事半功倍的效果。这是目前通行的词汇、语法分散教学所不易取得的。

（四）先语后文、集中识字的实验

某大学张朋朋老师曾应邀到瑞士苏黎世大学做汉字集中识字的教学实验。据张老师介绍，该校过去一直是采用"语文并进"的教学方式，由于汉字难认、难写的问题，汉字的认读和书写使不少初学汉语的学生中途退学，或改学其他专业；另外，由于汉字挡道，增加了口语教学的难度，影响了初级阶段口语教学的进度。1999年他们在第一学期采用"语文分开"的做法，其目的是想在初期教学不让汉字成为口语教学的障碍，提高口语的教学效率。从效果上看，口语教学比较顺利，速度比往年快，学生口语能力也比往年强，而且学生基本上没有退学的。学生在初步掌握了汉语基本语法和1000个左右的常用词，有了一定的口语基础之后，采用张老师的集中识字教学方法，仅在20天里，用20学时就学会了633个汉字，可以顺利阅读1000字左右的简单原文。

（五）通过加快词汇教学速度，提高汉语学习效率的设想

基本想法是词汇量制约语言应用能力的最重要的因素，集中记忆生词可以有效利用记忆的心理规律和汉语词汇规律，大大加快学习生词的速度。设计者按照每周学习250~300生词的速度，迅速扩大学生的词汇量，大幅度提高汉语学习的速度，计划使学生在2年内学习两万个生词。这种设想跟张思中外语教学法遥相呼应。

以上5种做法或设想，有的已被证明是成功的，有的正在试验，有的还仅是一种有待实验的设想，有的跟基础汉语教学直接相关，有的则有一定的距离。但是，这些都对我们教学模式的改革有所启发。

四、改革建议

（一）改革教学模式必须以转变观念为先导

当前，对外汉语教学界确实需要强化"改革开放"的观念。要改革就不能故步自封，停滞不前，排斥新思想。要跟上时代，就要开阔眼界，积极主动地学习国内外相关学科、领域的经验和成果。

（二）吸收相邻学科的理论和成果

要切实认识对外汉语教学学科的跨学科性质，要积极学习遵循相关学科的科学规律，吸收相关学科的新成果，特别是关注教育学、心理学和语言学相关的最新进展。改变多年来空喊跨学科，实际上不关注、不吸收相邻学科理论和成果的现状。

当前，人们对语言学习规律深感兴趣，认识到语言习得和认知规律对语言教学设计和教学方法至关重要，人们接受（习得）一种语言，总是遵循着某种顺序，这种顺序是不可改变的。这一现象说明，一方面，若干年来，人们没有发现这些程序，一直是在盲目地摸索。可是另一方面，对外汉语教学界对于心理学领域，包括汉语习得和汉语认知领域的研究成果基本处于漠不关心的状态。现在一些站在学科前沿的研究者在研究语言学习、语言习得问题上，取得了令人振奋的成果，可惜的是，在当前的教材编写风潮中，对此还无人问津。

（三）重视汉字教学，实行"先语后文，集中识字，先读后写"的教学程序

汉语有很多特点。但是，对汉语教学来说，汉字是其最重要的特点。所谓汉语难学，主要是汉字难学。汉字难学，又难在书写上。所以近两年，非汉字圈国家加大了对汉字教学研究的力度。

集中识字在中国人上获得成功，那么，外国人学汉语能不能也走这条路呢？有一种看法认为，不学汉字，就学不会中文。其实不然。根据普遍语法的推测，第二语言学习者大致遵循着操目的语的本族人学习（习得）该语言的过程。若果真如此，外国人学汉语也有理由跟中国人一样，先学听说（语文分开），再学认汉字（集中识字），再学写汉字（读写分开）。

这种三阶段教学的好处：一是便于利用汉字的规律；二是符合汉字认知、学习的规律；三是分解难点，易于取得进步，使学习者不断建立信心；四是符合先易后难、循序渐进的

教学原则。

第五节　汉语教学新模式设计

一、问题的提出

正常人学习第一语言的成功率几乎是百分之百，可是学习第二语言的成功率却非常低。

自 1973 年我国恢复接收来华学习汉语的外国留学生以来，已经培养了几十万名外国留学生。其中达到能够攻读硕士研究生的汉语水平的人有多少呢？比例不高。第二语言教学的成功率如此的不尽如人意，我们不得不考虑教学的道路是否正确。

目前以精读课或综合课为主的教学模式不利于词汇教学和扩大学生的词汇量，不可能使学生掌握大量的词语来应付日常交际。为此，我们提出一条改革思路：从听入手，在一年内给学生输入一万个汉语词汇，解决学生的日常交际问题，达到"最低职业技能"水平。如果实验能够成功，就能够为第二语言教学，包括对外汉语教学和外语教学开辟一条新路。

二、实验目的：验证三个假设

假设一：一年内（两个学期约 1140 学时）给学生输入一万个汉语词是可行的。

假设二：学生输入一万个汉语词就能顺利地跟中国人进行听说交际。

假设三：学生输入一万个汉语词就能通过 HSK 考试中等水平 A(8~8.5 级)，相当于二年级结业时优秀学生的水平，可入系学习专业。

三、实验设计

（一）实验对象

零起点的外国留学生，年龄在 30 岁以下，身体健康，智力正常，文化程度在高中以上。

（二）课程设置（每周30 学时）

第一学期：19 周

听力课每周 15 节（共 285 节，15 节机动）；会话课每周 5 节（共 95 节，5 节机动）；读写课（语音、汉字、阅读）每周 10 节（共 190 节，10 节机动）。

第二学期：19 周

听力课每周12节（共228节，18节机动）；会话课每周6节（共114节，4节机动）；读写课每周12节（共228节，8节机动）。

（三）教材

专门为本实验编写的听力教材、会话教材、读写教材分为：（1）听力教材一套：16册，90课+70课（10课为1册）；（2）会话教材一套：7册，90课+110课（1~6册每册30课，第7册20课）；（3）读写（语音、汉字、阅读）教材一套：7册，90课+110课（1~6册每册30课，第7册20课）；（4）听力课每课出生词60个，160课出词9600个。加上会话课和阅读课出的生词，总词汇量在10000以上。

（四）教学班

每个班16~20人。

（五）教学安排

每天上课6学时，学生课下必须保证2小时自习，每天学习时间不得少于8小时。第1周：每天3节听力，1节会话，2节语音；第2~10周：每天3节听力，1节会话，2节写读汉字；第11周以后：每天3节听力，1节会话，2节读写（每周有8节阅读、2节写作）。

四、实验方法

（一）听力课、会话课和读写课三门课既有分工又互相配合

1. 听力课

（1）听力课的目的是给学生输入语言材料，帮助学生形成汉语语感，通过培养学生聆听理解的微技能，最终提高话语理解的能力。（2）每天学习一课，输入60个生词。按语义场输入，当天巩固，以后不断重复。第二天到第五天，每天用20分钟复习前一课学的生词。第六天开始每天用30分钟复习前一课和前第五课的生词。（3）先通过实物、手势动作、情景、翻译等方法进行理解练习，然后把这些词组成词组和句子进行记忆练习。因为不要求学生学一句会说一句，只要求听懂和记住，这样就可以给学生输入大量的语言材料，帮助学生形成汉语语感。

2. 会话课

（1）会话课的目的是练习学生急于表达的功能项目，解决眼前急需的交际问题，提高学生口头表达的能力。（2）会话课每周5节，其中4节根据教材用已经输入的生词、词组和短句进行口头表达的训练。（3）每周至少一次根据学生的要求进行会话练习，周

一让学生提供想说而不会说的英文句子，教师整理学生的句子，编写会话练习。

3. 读写课

（1）读写课的目的：一是进行语音教学，帮助学生认读汉语拼音；二是读写汉字；三是阅读汉语的文章，进一步扩大词汇量，提高学生的阅读和写作能力。（2）读写课的任务有：第 1 周的 5 天学完全部汉语拼音；第 2~10 周写汉字和识字，重在笔画、笔顺和结构教学，先教独体字和偏旁，再教合体字；第 11 周以后集中识字，包括词语和短句，开始阅读小短文并进行句型语法练习。

（二）授课原则

（1）充分利用成年学生的认知能力；（2）充分利用成年学生活动范围广的特点；（3）充分利用成年学生丰富的生活经验和社会文化知识；（4）充分利用成年学生的抽象思维能力和对外界事物的认识；（5）充分利用语言环境；（6）充分利用教具。

（三）授课方法

（1）以学生练习为主，老师精讲学生多练；（2）以输入练习为主，帮助学生储备大量语言材料；（3）以记忆练习为主，培养学生的汉语语感；（4）以重复练习为主，当堂识记当堂巩固；（5）以技能训练为主，着力提高学生听和说的微技能；（6）以鼓励表扬为主，充分激发学生的学习积极性和主动性。

（四）具体措施

（1）取消精读课或综合课，只设听力课、会话课和读写课，并以听力课为主课。每学期 20 周，课堂教学时间为 19 周。其中有一定的动机时间，可以用来复习或进行校内语言实践活动。（2）每学期安排一次停课语言实践活动，在期中以后，时间约一周，全年共两次。另外安排周末短途旅行若干次。所有的语言实践活动和旅行都纳入教学计划，与课堂教学相结合。（3）为了不给学生压力，平时和学期末都没有课程考试和检查，每学期只安排一次 HSK 考试（期末）。全年两次水平考试。（4）每次上课都录像，通过录像得到反馈信息，及时分析教学的情况，及时调整教学计划，不断总结和改进。（5）每天晚上播放两个小时左右录像片，欢迎实验班的学生和其他班的学生观看。

五、实验的理论依据

（一）哲学的系统论、信息论和控制论

哲学是人们认识世界的基础理论，系统论、信息论和控制论为人们认识世界提供具体

的方法，是先进的、科学的哲学方法论。

按照系统论的观点，世界上的万事万物都自成系统。第二语言教学当然也是一个系统工程。这个系统的结构包括教师、学生、教材、教学大纲、教学环境以及它们之间的相互关系等。这个系统的结构应该是最优化的结构，它们之间的关系也应该是最优化的关系。教师应该是尽职尽责、爱岗敬业、具有奉献精神的教师，学生应该是具有速成愿望的学生，教材应该体现改革的思路、易教易学，教学环境应该是最优化的环境等。还要按照教学大纲制定自成系统的教学计划，做好自成系统的教学安排，确立自成系统的课程设置，编出自成系统的系列教材，使用自成系统的教学方法。

按照信息论的观点，第二语言教学是一种有控制的语言信息传输和反馈系统。它是由语言信息源、信息传输通道、信息传输者和信息接收者构成的。语言信息源主要指教材提供的教学内容，也包括教师；语言信息通道指教学环境，即课堂，包括教学的时间、空间和教学组织形式；信息传输者是教师，信息接收者是学生。教师和学生都是教学的主体，教师是教的主体，学生是学的主体，其中教师起主导作用。

根据控制论的观点，任何教学模式都要做好各方面的控制。一是生词量的控制，每天60个生词，不断循环、不断重复；二是难易程度的控制，先教实词后教虚词，先教单词再教短语后教句子；三是充分发挥教师和学生两个方面的积极性，充分发挥教学环境的作用；四是课内课外相结合，课外练习是课堂教学的延伸；五是小课堂和大课堂相结合，小课堂打好基础，大课堂进行活用的实践。

（二）第二语言习得理论

1. 克拉申的输入假说

克拉申说："人们怎样习得语言？我们是通过可懂输入习得语言的，注意力集中在信息上，不是集中在形式上。输入假说既能说明儿童语言习得，也能说明成人语言习得。它表明，在语言习得中头等重要的是听力理解，口语能力则会水到渠成。"

我们吸收了克拉申输入假说中合理的成分，即重视语言的输入。我们还借鉴了现代学习理论——学习的规律就是输入大于输出、输入先于输出，厚积而薄发。为此我们提出"先听不说、多听少说"的教学原则。在理解练习中只要求学生点头、摇头、做动作或者说"是、不是，对、不对，好、不好"等简单的话。当然，在学习语言的过程中，也要有适当的语言输出的练习。在第二语言教学中，不教说话是不行的，所以除了听力课这门主课以外我们还安排了会话课。特别是在目的语环境中，学生急于表达、急于交际的心理必须引起重视。

2. 图式关联理论

图式关联理论认为，人的大脑中有关于世界的各种各样的知识，这些知识是以图式的形式保存的。理解语言的过程就是把接收的语言信息跟大脑中的图式建立联系的过程。人们理解语言离不开语境，语境跟话语的关联越密切，理解就越容易。

根据这一理论，第一，我们要充分利用成年人大脑中的关于世界的各种各样的图式，强烈刺激，反复刺激，帮助学生建立目的语与头脑中图式的联系，并且激活它们，以便形成目的语的语感。在理解练习的环节中，我们主张使用学生的母语激活学生大脑中的图式，这正是成年人学习第二语言比幼儿学习母语速成的优势。第二，成年人学习第二语言最大的困难是记忆。我们在理解练习和记忆练习的教学环节中，尽量把词语放在具体的语言环境里，放在上下文中帮助学生记忆。不仅如此，我们更要重视利用大的语言环境，尽可能多地组织语言实践活动。

3. 汉语作为第二语言的学习理论

根据汉语学习者的实际问题，我们提出要改变以往的教学模式，加大给学生的输入，加大学生大脑记忆库中语言材料的储备，特别是词语的储备，扩大学生的词汇量。我们从跨文化交际的角度扩充课堂教学的内容，改进课堂教学的方法，使学生获得跨文化交际的能力。在会话课教材中增加了有关交际策略方面的知识和相关的社会文化知识，以减少学生文化、心理不适应的问题，帮助他们提高寻求交际对象给予配合的能力。我们的教学模式不仅重视语言要素的教学，而且重视语言技能和语言交际技能的训练，帮助学生把语言要素转化为语言技能，进而转化为语言交际技能。

（三）汉语语言学理论

1. 按照汉语词汇的网络系统进行教学

汉语的词汇数量多，而且形不表音、音不达义、词义丰富、用法复杂。在现有的教学模式下，学生只能一个一个孤零零地死记硬背，费时费力，低能低效。其实汉语的词汇不管是词形还是词音、词义，存在着各种各样的网络系统，存在着内在的规律性。

（1）同（近）义词类聚网络

地方、地点、地区、场地、场合、场面、场所、处所

时间、时候、时刻、时光、时期、期间、工夫

走、跑、跳、跃、蹦、蹿

美、俊、靓、帅、美丽、漂亮、好看、秀美、俊美

常常、经常、时常、时时、往往、一直、始终、从来

（2）反义词类聚网络

上、下，前、后，左、右，里、外，南、北，东、西

来、去，进、出，上来、下来、上去、下去

美、丑，好、坏，难、易，多、少，长、短，高、矮

（3）类属词类聚网络

教室、黑板、讲台、桌子、椅子、门、窗户、墙

水果、苹果、梨、香蕉、葡萄、橘子、草莓

亚洲、欧洲、非洲、北美洲、南美洲、大洋洲

（4）关系词类聚网络

爷爷、奶奶、爸爸、妈妈、哥哥、姐姐、弟弟、妹妹

耳语、手语、母语、外语、目的语

馒头、花卷、包子、米饭、饺子、面条

根据科学家的研究，词语在人的大脑中是以网络的形式贮存的。如果按照词语的网络系统进行教学，把人的认知规律跟汉语所固有的规律结合起来，就可以减轻学生的负担，大大提高学习的效果和效率。

2. 语法教学充分利用汉语词、词组、句子的结构方式基本相同的特点

近年来，对外汉语教学界不少人呼吁加强语素和词组的教学。至于如何加强语素和词组教学，在当下现有的教学模式很难进行，而我们的教学模式却能够比较容易地做到。只教授给学生一些构词法的知识，学生了解了汉语词、词组、句子结构的一致性，就能比较容易地掌握句子的基本结构。

3. 利用汉字本身的规律进行汉字教学

汉字是外国人学习汉语的难点，但学习汉语不能避开汉字，不通过汉字关，汉语是学不好的。为此，必须改进汉字教学，利用汉字本身的规律进行汉字教学。汉字本身是有规律的。每个汉字都是由基本笔画或变形笔画组成的，每个合体字是由独体字或部件组成的。学习汉字也是有规律的，应该先学习独体字，后学习合体字，先学习笔画少的字，后学习笔画多的字。

我们的教学模式吸收了张朋朋老师的两个"分开"和两个"先后"的教学原则，在教汉字的时候，先教基本笔画，后教变形笔画；先教独体字，后教合体字，同时重视部件的教学。在进行识字教学的时候，先教笔画少的汉字，后教笔画多的汉字，同时贯彻"字不离词、词不离句"的教学原则。从识字教学过渡到阅读教学，在篇章中集中识字，通过集中识字理解篇章的意思，以此提高学生的阅读能力和写作能力。

（四）教育心理学理论

1. 循序渐进的教学原则

这个教学原则在我们的教学模式中表现为从词到词组到句子的输入以及先实词后虚词、从形象到理性的输入。教给学生的词语都是从他们身边的情况开始的，由近及远、由此及彼、由表及里。我们要注重词语的重复率和重现率，即一个词在不同的词组和句子里反复出现、反复使用，在上下文各种语境里反复出现、反复使用。

2. 轻松学习、自然学习的理论

儿童学习母语是在一种轻松、自然的气氛里自然习得的。他们没有焦虑感，只有成就感。儿童学会一个词或一句话，马上得到鼓励和表扬。这一点很值得借鉴。第二语言教学也应该尽量创造轻松、自然、没有压力的学习环境。实践证明，成年人学习第二语言，焦虑感越重、压力越大，学习的效果越差。为此，我们要在课堂上营造一种师生互相鼓励、生生互相鼓励的学习氛围。

3. "七比特"原则和记忆——遗忘的理论

根据心理语言学家的研究，短时记忆每次最容易吸收的信息量是七比特。这七比特是"信息接收的节拍"。我们尝试把这一理论应用到新的教学模式中，在做课堂练习的时候，每次让学生听的词语7个左右为一组，每次教的汉字也是7个左右为一组，一组一组地学、听、记。这样使学生既不感到费力，又容易记住。

学习的过程是记忆和克服遗忘的过程。根据德国心理学家艾宾浩斯的"遗忘曲线"规律，长时记忆的遗忘是先快后慢。所以，我们要趁热打铁，及时复习、及时巩固，后一天要复习前一天学过的词语，同时复习以前学过的词语。

在我们的教学模式中，尽量吸收前人研究的成果，把前人研究的成果转化为第二语言教学的生产力。

第六节　汉语短期教学的新模式

一、短期教学及其现状

（一）短期教学的特点

短期教学是指教学周期在8周以内的对外汉语教学模式。这种模式的教学周期相对较短，具有明显的短时特性。由于受教学时间的限制，这种模式的教学目标必须有侧重地指向某一特定范围和某项特定的汉语技能，教学呈现出单一性特点；在教学内容上，它要求选择学生日常生活、学习、交际中最常用、最急需的功能和话题，并优选语言材料中使用频率高、覆盖率大的相关语言要素，因此教学具有较明显的实用性；在组织教学上，它要求根据教学周期的变化和学生入学时的多等级特点，动态地设计教学实施方案，因此教学具有突出的针对性和灵活性；此外，一般的短期教学模式还都要求通过强化手段追求教学的高效率。概括来说，这类模式的教学具有短期、强化、速成的特点，追求在较短的时间里，让学习者尽可能多地掌握汉语知识和技能。

（二）短期教学是一般的进修教学

进修教学是一种系列化与阶段性相结合的教学，它以汉语的系统语言知识和技能为教学核心，并将这些内容分阶段教给学生，使教学成为一个逐渐积累的过程，直至这些内容被系统掌握。学生既可以通过一段时间的学习和进修掌握相对完整的阶段性内容，又可以通过连续学习和进修或间隔学习和进修完成教学任务，最终结业。进修教学的重点是教学的最终目的状态即汉语知识和技能的系统掌握，它的教学周期一般为半年、一年或两年。短期教学由于它的短时特性，教学的重点并非完整的语法系统和听、说、读、写各项技能，而是侧重某项技能尤其是听说技能，在教学中它强调根据学生的学习需求和学习时间设置灵活的、组合式的课程，并根据学生的现有水平选择语法系统中的部分内容进行针对性教学。

（三）现有的汉语短期教学模式

现有的汉语短期教学模式可以概括为以下几种类型：

（1）侧重某种技能的教学。即侧重听说而舍弃读写技能或侧重读写技能而辅以听说训练的教学。

（2）以情景——话题为中心的教学。即模拟留学生来华生活、学习的过程，选择交际中涉及的一些主要场景，围绕一些常用话题进行教学。

（3）以意念——功能为中心的教学。选择意念——功能大纲中的一些常用项目，与语言结构结合后进行教学。

（4）以常用句型和词汇为主的教学。针对初级水平学生，选择使用频率较高、体现汉语语法特点的一些句型进行教学。

（5）语言学习与文化游览相结合的教学。

以上这些教学模式的侧重点虽然不同，但它们都强调对语法项目的掌握，强调达到学习的最终目标。经过多年的教学实践证明，这些教学模式都取得了较好的教学效果，在句型教学，尤其是常用句型的熟巧训练以及句型与情景、功能的结合教学上形成了一套较成熟的方法，相应地，一些比较成功的短期教材也随之产生。我们知道，短期教学模式一般能够充分反映第二语言教学的本质特点，正因为第二语言教学的各种教学方法都可以直接在这种教学模式中得到及时体现，所以这些教学模式和方法并无优劣之分，但从短期教学的自身特点出发，从发挥短期教学优势、提高教学效率的角度，我们认为应该在已有教学经验的基础上尝试另一种短期教学模式，即将教学的重点从学习的最终目的状态转移到学习和教学过程本身上来，使教学从"产品式"转变成"过程式"，突出短期教学的交际性、实用性、趣味性，进一步满足短期学习者的学习需求。

二、语言交际任务及交际任务大纲

（一）交际任务

"交际任务"这一概念，可以从交际教学法中的任务式教学法中看到雏形。随着人们对语言本质认识的不断深入，随着心理语言学的不断发展，部分应用语言学家开始将第二语言教学的重点从教学结果转移到学习和教学过程上来，强调让学习者用目的语去完成一系列任务的教学，并在课堂学习中进行真正涉及交际的活动，以此提高学习效率。任务式教学法中的任务主要有三类：一是信息差活动，用目的语向别人传递信息；二是推理差活动，通过已知的目的语信息进行推理、概括等以获得新的信息；三是意见差活动，辨别和表达某种针对某一特定情景的个人爱好、感觉、态度等。在主张任务教学法的学者们看来，人们的交际过程应当是：设定目标——完成任务——产生结果（如信件、说明、留言、报告、图表等）。语言教学也应当围绕这些环节来进行。任务式教学法被认为是一种更为有效的语言学习方法，在美国、马来西亚等国的第二语言教学中已经被广泛使用，任务目标也得到进一步细化。所以以"交际任务"为基础的语言教学并不是一个新的模式，只是从汉语作为第二语言教学的角度看，它才算作一种新的教学模式。

（二）语言交际任务

我们所说的交际任务是从语言教学与语言学习的角度对现实生活中的言语交际活动进行的提炼和概括，是从具体的交际过程转化而来的，由于每项交际任务最终都要落实到相应的语言素材上，需用目的语来完成，所以实质上是指语言交际任务。交际任务由交际目的、语言功能、语境、话题和语言要素等几方面的因素构成。它具有以下特点：一是明显的目的性。一项交际任务就是让学习者完成交际中的具体活动或是排除交际中的具体障碍，所以总是明确具体的。二是明显的功能性。每项交际任务都含有一项或几项语言功能，如表达功能、人际功能、互动功能、调节功能、工具功能、启发功能等，或独立运用或综合运用于交际任务中。三是具有明显的情景性和话题性。一般来说，它总是与典型场景或典型途径相结合，围绕一定的话题或是在一定的交际活动范围内展开，并与它们建立相对紧密的联系。此外，以话语、语篇为基础的语言材料也是完成交际任务不可缺少的组成部分。

交际任务的这些特点，非常适合以培养语言交际技能为目标、教学周期较短、追求教学高效率并具有明显实用性、灵活性和趣味性的短期强化模式的教学。

（三）实施以交际任务为基础的教学

实施以交际任务为基础的教学要对学习者在课堂上将要参加的任务和活动进行描述，即确定交际任务大纲，而确定大纲就要考虑交际任务的层级性，为交际任务划分等级，并且确定各级交际任务的基本特征。

由于交际活动的广泛性，并且交际任务中各种因素处于不同层次，相互作用、相互制约，因此它所涉及的内容也是多种多样的，很难按照单一的标准进行提炼和概括；而且，交际任务也不可能是一个完全封闭的系统。人们对具体的交际活动有共同的心理图式和认知经验，从语言学习尤其是第二语言学习的角度，我们也可以根据学习者所涉及的交际活动范围的不同、所要达成的任务目标的不同以及完成交际任务所需语言材料的难易程度和复杂程度的不同，对交际任务进行分级处理。

根据上述原则，我们可以把语言交际任务项目划分为三级：

初级项目即简单交际任务，适合零起点和初学者学习。所涉及的交际活动限制在日常生活、学习和简单的社会交际范围之内，语言功能以了解、询问、社会交往为主，学习者使用简单的语句学会询问和回答。简单交际任务大多通过明显的形象标志为学习者完成该项任务提供典型途径。

中级项目即一般性交际任务，适合具有初级汉语水平的学习者学习。所涉及的交际活动在日常生活、学习、工作、社交和部分文化范围之内，语言功能以说明、叙述、评价等为主，学习者需相对完整地进行成段的理解和表达。一般性交际任务大多通过经过加工的真实语料为学习者提供完成该项交际任务的范例。

高级项目即复杂交际任务，适合具有中级以上汉语水平的学习者学习。所涉及的交际活动在高层次的学习、工作、社交、社会文化、商贸等范围之内，语言功能以交谈、讨论、情感表达为主，学习者需综合运用多种语言功能进行大段的篇章理解和表达，并需了解与语言内容相关的文化含义。复杂交际任务大多通过真实语料为学习者提供完成该项交际任务的范例。

在对交际任务项目进行分级时，各级交际任务并不是截然分开的，其中部分内容有重叠和交叉的现象，有些交际任务在初、中、高三个等级中都有涉及，如社会交往、饮食、家庭、体育娱乐、学习、视听媒体等，相邻的两个等级中的这种重叠和交叉现象更加明显一些。这种现象符合人们交际活动的实际情况和一般的交际习惯，从语言学习的角度也符合由简而繁、由易到难、循序渐进的学习规律，使学习内容的层级性和序列性有机结合，呈螺旋式上升而不是简单的直线上升。当然，具体项目在难易程度和复杂程度上的差别还是显而易见的。

（四）确定语言交际任务大纲，还需要归纳和确定每一级交际任务中的具体项目

我们在归纳交际任务项目时，主要是通过对学习者学习需求的调查来进行的。先根据调查结果考察交际任务项目的交际价值，确定该项目是否为学习者最常用的交际任务，是否为学习者最急需的交际任务，是否为学习者最可能遇到的交际障碍，然后再参照被调查者的语言水平情况归纳入级。同时，归纳交际任务项目时还要通过对教学情况的调查和对数十种国内外教材的整理分析，考察教学者对交际任务项目的共性认识，然后从中选取。

根据调查和分析的结果，我们从交际任务在交际活动中的功能、话题、涉及范围和内容的角度归纳出以下类别：

初级项目根据交际任务的主题特征分为基本交际类、生存类、社会活动类、个人信息类和综合信息类等五大类；根据交际任务项目所涉及的交际范围分为26类，并具体描述为100个交际任务项目。

中级项目分为基本交际类、生存类、社会活动类、个人信息类和综合信息类等5个基本类，包含21个小类共89项。

高级项目分为基本交际类、社会信息类、文化信息类和媒体信息类等4个基本类包含20个小类共84项。

三、以交际任务为基础的短期教学实施要点

以交际任务为基础的教学，就是要根据汉语的实际交际需要，把交际内容规范为一系列不同等级、不同种类的语言交际任务项目并按照交际任务大纲进行教学，目的是让学生在较短的时间里，通过大量的交际性操练掌握相应层级和数量的交际任务，最终提高其汉语交际能力。

实施以交际任务为基础的短期教学必须考虑以下九个要点：

（1）以汉语交际能力的培养为目标。即培养学生"使用语言处事的能力"，或者说达到某一特定交际目的的能力。

（2）以交际任务为基础和核心。即把交际任务项目作为教学的主要内容并以此作为计划各种课程的依据，组成项目的语言材料和语言要素作为辅助内容，使教学成为完成一系列交际任务的活动。

（3）以模拟交际活动为重点。即在课堂上让学生按照交际任务所描述的任务目标实际去参与或模拟交际活动，进行相关的交际性操练，每次课堂学习都可以让学生完成一项或几项任务，并掌握完成相关任务的交际程序。

（4）以学生为中心。学生成为参与交际活动的主要角色。每个学生要按照交际任务目标依赖其他同学的帮助完成课堂活动，所以在课堂上，他对课堂或同伴的贡献与他获得的帮助等同。教师主要是协调和促进学生之间以及他们与各种交际活动之间的交际过程，或者充当交际活动中的某个独立的角色。

（5）提供典型交际性场景和途径。为使课堂交际活动能够顺利进行，因此要提供与交际活动相配的典型交际场景和完成交际任务项目的典型途径或交际任务范例。

（6）强调真实性。在教学和教学材料中，使用有实际交际意义的真实语料，激发学生的学习兴趣，加快学习过程。

（7）组合式与螺旋式上升。即根据学习周期、学习需求、学生水平灵活地把相关交际任务项目组合成课程内容，并使部分课程能够从不同角度和深度完成相同的交际任务。

（8）有效的语言要素。尽可能地在组成交际任务的语言材料中考虑语言点与其他因素的均衡发展，选择可以体现汉语基本语言点的语言材料并使它们在各具体项目中合理分布；同时要围绕交际任务的话题和情景使词汇以类义形式或聚合形式出现，确保词汇的足量和学习者能够高效记忆和应用。

（9）成就感。确保每一次课堂教学都能让学生完成一项或几项交际任务，使他们有实际的收获，并利用学生对语言交际的兴趣促发他们的内在动机。

四、交际任务教学模式的课程设计和课堂教学设计

（一）课程设计

此类教学模式的课程应为一个以不同类别、不同等级的交际任务为主课，以语音、汉字、语法等为辅课，以各种文化知识讲座为补充而组成的课程体系。

1. 以交际任务为主体内容的主课

初级综合课：以听说为重点，综合运用各项技能完成的简单交际任务项目的操练。

中级听说课：从听说入手，侧重于口头完成的一般性交际任务项目的操练。

中级读写课：从读写入手，侧重于书面完成的一般性交际任务项目的操练。

高级口语课：侧重于口头完成的复杂交际任务项目的操练。

高级视听课：侧重于电视广播新闻内容的复杂交际任务项目的操练。

高级读写课：侧重于书面完成的复杂交际任务项目的操练。

2. 以语言要素为主要内容的辅课

语音课：为初级阶段零起点学生开设的汉语语音的讲练。

汉字课：为初级阶段非汉字文化圈的学生开设的汉字认读和书写的讲练。

语法课：为各等级学生开设的主要语法点项的讲练。

3. 补充课程

中国概况：介绍中国社会、经济、教育、文化、历史等各方面知识的讲座。

中华文化：介绍中国物态文化、制度文化、行为文化、心态文化等方面知识的讲座。

文化技能课：太极拳、书法、绘画、民族乐器等。

（二）课堂教学设计

以交际任务为基础的课堂教学步骤可以分为以下几个活动（以交际任务项目"了解或说明某旅行安排"为例）：

1. 准备活动

明确任务目标——了解旅行安排

猜想该项任务可能涉及的范围——旅行线路、价格、景点、时间等

激活自己与该项任务有关的经验——曾参加过的一次旅行

2. 概括性活动

提出或找出大意——该项旅行安排的基本内容

理清程序——旅行安排涉及的各项内容的顺序

提出或找出各程序的结论或小结性论述——旅行安排中各项内容的大意

3. 细节性活动

确定专项信息——该次旅行经过的每个地点

信息分类与组合——旅行中吃、住、行等的具体价格

产生结果——完成一份旅行计划表

4. 语言性活动

找出语体特征——广播旅行广告或旅行布告

句法特征——将来发生的动作行为的表示法

词汇特征——表示饭店设施的类义词、表示景点的专有名词等

5. 结尾活动

做决定——参加旅行或放弃旅行

对提出的问题进行讨论或辩论——旅行价格过高

表演与复述——复述该旅行安排的主要内容

扩展到其他任务——向朋友推荐该项旅行，说服朋友参加

对任务的进一步探索——讨论旅行的好处

根据交际活动或交际任务类型的不同，完成课堂交际活动的步骤也是不同的，如信息差活动、推理差活动、意见差活动都有它们各自的交际程序和特点，因此进行课堂活动时不能强求一致。

参考文献

[1] 王继洪. 汉字文化学概论 [M]. 上海：学林出版社，2006.

[2] 胡惠林. 中国国家文化安全论 [M]. 上海：上海人民出版社，2011.

[3] 程裕祯. 新中国对外汉语教学发展史 [M]. 北京：北京大学出版社，2005.

[4] 张和生. 对外汉语课堂教学技巧研究 [M]. 北京：商务印书馆，2006.

[5] 马云鹏. 课程与教学论 [M]. 北京：中央广播电视大学出版社，2002.

[6] 李泉. 对外汉语教学理论思考 [M]. 北京：教育科学出版社，2005.

[7] 赵金铭. 对外汉语教学概论 [M]. 北京：商务印书馆，2017.

[8] 袁振国. 当代教育学 [M]. 北京：教育科学出版社，2018.

[9] 高慎英，刘良华. 有效教学论 [M]. 广州：广东教育出版社，2004.

[10] 张庆林，杨东. 高效率教学 [M]. 北京：人民教育出版社，2002.

[11] 吕文华. 对外汉语教学语法讲义 [M]. 北京：北京大学出版社，2014.

[12] 徐子亮. 对外汉语教学心理学 [M]. 上海：华东师范大学出版社，2008.

[13] 吴勇毅. 对外汉语教学法 [M]. 北京：商务印书馆，2012.

[14] 王庆云，刘中富. 现代汉语与对外汉语教学研究 [M]. 青岛：中国海洋大学出版社，2011.

[15] 周小兵. 对外汉语教学导论 [M]. 北京：商务印书馆，2010.

[16] 姜丽萍. 对外汉语教学论 [M]. 北京：北京语言大学出版社，2008.

[17] 孙德金. 对外汉语词汇及词汇教学研究 [M]. 北京：商务印书馆，2006.

[18] 刘叔新. 汉语描写词汇学 [M]. 北京：商务印书馆，2005.

[19] 陆俭明. 作为第二语言的汉语本体研究 [M]. 北京：外语教学与研究出版社，2005.

[20] 周荐. 汉语词汇结构论 [M]. 北京：人民教育出版社，2014.

[21] 高燕. 对外汉语词汇教学 [M]. 上海：华东师范大学出版社，2008.

[22] 马建忠. 马氏文通 [M]. 北京：商务印书馆，2010.

[23] 吕必松，赵淑华，林英贝. 组合汉语知识纲要 [M]. 北京：北京语言大学出版社，

2007.

[24] 潘文国. 字本位与汉语研究 [M]. 上海：华东师范大学出版社，2002.

[25] 张华. 重建对话教学的方法论 [J]. 教育发展研究，2011(22)：35-41.

[26] 倪文锦. 问题与对策：语文教学有效性思考 [J]. 中国教育学刊，2011(9)：57-49.

[27] 郭元祥. 知识的性质、结构与深度教学 [J]. 课程·教材·教法，2009(11)：17-23.

[28] 张英. "对外汉语文化大纲"基础研究 [J]. 汉语学习，2009(5)：93-100.

[29] 石鸥. 课程改革：教育本体功能的回归 [J]. 教育测量与评价(理论版)，2009(7)：1.

[30] 李晓臻. 汉语国际推广背景下对中国文化海外传播的思考 [J]. 社科纵横(新理论版)，2008(4)：56-57.

[31] 黄晓颖. 汉语国际推广背景下的有效教学 [J]. 东北师大学报(哲学社会科学版)，2011(5)：172-176.

[32] 姚利民. 中外教育家有效教学思想初探 [J]. 湖南大学学报(社会科学版)，2005(3)：107-110.